THEA DORN
Berliner Aufklärung

Buch

Eines Morgens liegt der Berliner Philosophieprofessor Rudolf Schreiner sauber portioniert in den Institutspostfächern seiner Kollegen: zerlegt in 54 Teile und in Gefrierbeutel verpackt. Auf den Wänden der Poststelle steht mit blutigen Lettern geschrieben: »Schreiner ist tot. Die Wahrheit ist im Fragment«. Da der Nietzsche-Spezialist bei Kollegen wie Studenten höchst unbeliebt war, weint ihm keiner eine Träne nach. Nur die Institutsdirektorin Rebecca Lux beauftragt ihre ehemalige Studentin Anja Abakowitz, der Sache nachzugehen, denn sie wird von der Polizei des Mordes verdächtigt. Doch Anja zögert, denn als sie vor Jahren ihr Studium an den Nagel hängte, hatte sie sich eigentlich geschworen, nie wieder einen Fuß ins Philosophische Institut zu setzen. Sie hat sich längst von der Vorstellung, Philosophie und klares Denken hätten etwas miteinander zu tun, verabschiedet und statt dessen lieber im vornehmen Berliner Stadtteil Halensee eine »Philosophische Praxis für Lebensfragen« gegründet. Doch als sie Rebecca Lux erstochen an ihrem Schreibtisch findet, hat Anja keine Wahl mehr. Sie muß herausfinden, wer ihre ehemalige Dozentin auf dem Gewissen hat. Ihre Recherchen führen sie in die Abgründe, die hinter der scheinbar moralisch einwandfreien Gelehrsamkeit der Professorenschaft lauern – und in die Berliner Schwulenszene. Denn Rudolf Schreiner hatte sich nicht nur als Nietzsche-Spezialist einen Namen gemacht, sondern in einschlägigen Kreisen auch als »weicher Rudi« ...

Autorin

Thea Dorn, geboren 1970, studierte Philosophie und Theaterwissenschaften in Frankfurt, Wien und an der Freien Universität Berlin, wo sie Dozentin für Philosophie war. Schon mit vierundzwanzig Jahren veröffentlichte sie ihren ersten Roman »Berliner Aufklärung«, für den sie den Raymond-Chandler-Preis erhielt. Es folgten ein weiterer Krimi und »Marleni«, ein Theaterstück über Marlene Dietrich und Leni Riefenstahl, das 1999 am Deutschen Schauspielhaus in Hamburg uraufgeführt wurde. Nach ihrem Roman »Die Hirnkönigin« machte sie mit ihrem neuesten Krimi »Die Brut« Furore, für den sie mit dem »Deutschen Krimipreis« ausgezeichnet wurde. Sie lebt als freie Autorin in Berlin.

Von Thea Dorn außerdem als Goldmann Taschenbuch lieferbar:
Die Hirnkönigin. Roman (44853) · Ringkampf. Roman (45404)
Ultima Ratio (454115) · Die Brut. Roman (gebunden, 54566)

Thea Dorn
Berliner Aufklärung

Roman

GOLDMANN

Umwelthinweis:
Alle bedruckten Materialien dieses Taschenbuches
sind chlorfrei und umweltschonend.

2. Auflage
Der Goldmann Verlag ist ein Unternehmen
der Verlagsgruppe Random House GmbH.

Taschenbuchausgabe September 2002
Copyright © 1994 Europäische Verlagsanstalt/
Rotbuch Verlag, Hamburg
Umschlaggestaltung: Design Team, München
Umschlagfoto: Jürgen Henkelmann
Satz: DTP Service Apel, Hannover
Druck: GGP Media GmbH, Pößneck
Verlagsnummer: 45315
JE · Herstellung: Heidrun Nawrot
Made in Germany
ISBN 3-442-45315-1
www.goldmann-verlag.de

Erster Teil

Ein fragmentiertes Selbst

Es war kein schöner Mord. Aber ein echter. Die Möglichkeit, daß sich Professor Doktor Rudolf Schreiner selbst in vierundfünfzig Teile zerlegt, in Gefrierbeutel verpackt und gleichmäßig auf die vierundfünfzig Postfächer des Philosophischen Instituts an der Universität Berlin verteilt hatte, konnte ausgeschlossen werden. Auch ereigneten sich Unfälle dieser Art eher selten.

Die frühnachmittägliche Oktobersonne brach hinter Wolken hervor und tauchte den Postraum mit seinen offenen Fächern in staubiges Licht. Die roten, nach unten etwas ausgelaufenen Lettern, die sich quer über die beiden Glaswände des Raumes zogen, leuchteten auf. SCHREINER IST TOT. DIE WAHRHEIT IST IM FRAGMENT.

Anja Abakowitz trat einen Schritt von den Postfächern zurück. Sie hatte Schreiner nie ausstehen können, aber das hier fand sie nun doch ein bißchen übertrieben. Gleichwohl mußte sie zugeben, daß alles in allem der Anblick des fragmentierten Schreiner immer noch erträglicher war als der des lebenden.

Aus dem Postfach, in dem Schreiner sonst seine Korrespondenzen empfangen hatte, ragte eine speckige Hand, eingepackt in einen blutverschmierten, sorgfältig zugeknoteten Plastikbeutel. Ein klobiger Goldring am Ringfinger beseitigte letzte Zweifel an der Identität der Fleischteile – die »Kalte Platte« mit eingelegtem Brillanten war institutsbekannt.

Anja ließ ihren Blick langsam über die Postfächer gleiten: ein Fuß; die andere Hand; die linke Schädelhälfte mit Auge, abgetrennter Nasenwurzel und Ohr; noch ein Fuß; etwas, das ein Ellenbogen hätte sein können. Die anatomische Herkunft der meisten Beutelinhalte konnte Anja nicht klar ausmachen. In jedem Fall hatte der Mörder oder die Mörderin solide Arbeit geleistet, denn die Knochen, die sich in der blutig rohen Masse abzeichneten, zeigten so saubere Schnittflächen wie Knochen im Suppenfleisch. Leicht irritiert stellte Anja fest, daß sich keine Kleidungsfetzen unter dem Gemetzel befanden. Der Mörder schien ein gewissenhafter Mensch zu sein, wenn er im Moment der Zerlegung auch noch daran gedacht hatte, Schreiners Textilien zu schonen.

Anja wandte sich ab. Während sie in die fahle Herbstsonne blinzelte, fragte sie sich, ob es sich bei dieser Inszenierung um ein etwas überzogenes Anschauungsbeispiel für das philosophische Problem der Verteilungsgerechtigkeit handelte. Einige Institutsmitglieder hatten schon immer zu Überspanntheiten geneigt. Wie verteilte man aber einen Philosophieprofessor auf vierundfünfzig Mitarbeiterpostfächer so, daß die Verteilung gerecht war? Der monumentale Schreiner mochte sicher zwei Zentner gewogen haben. Das würde knappe zwei Kilo Schreiner pro Postfach bedeuten. Anja fand es allerdings fraglich, ob diese Art der Verteilung wirklich gerecht war, denn kam derjenige, der zwei Kilo von Schreiners Innereien oder ähnlichem erhielt, nicht besser weg als derjenige, der zwei Kilo Beinfleisch in der Post hatte? Wieviel Gramm Fuß würden Schreiners Hirn aufwiegen? Es gab auch die Möglichkeit, daß Schreiner gemäß den Bedürfnissen der Empfänger aufgeteilt worden war. Anja konnte sich kaum vorstellen, wie eine sinnvolle Verteilung in diesem Fall aussehen mochte. Ebenso erschien ihr eine Verteilung entsprechend der Verdienste der Empfänger schwierig. Sie kam zu dem Schluß, daß sich ein Professor nicht gerecht unter seinen Kollegen verteilen ließ. Vielleicht war das die philosophische Botschaft des Anschlags.

Ein kurzes, trockenes Klopfen an einer der Fensterscheiben holte Anja aus ihren Gedanken. Als sie sich umdrehte, entdeckte sie über dem Kopiergerät ein Gesicht und zwei Hände, die sich an das Glas preßten. Beim zweiten Hinsehen erkannte Anja in dem zerstörten Antlitz mit den zotteligen rötlichen Haaren, zwei fehlenden Schneidezähnen und farblos wäßrigen Augen ihren ehemaligen Kommilitonen Fridtjof wieder. Er hatte ungefähr zur selben Zeit wie sie mit dem Philosophiestudium begonnen. Von Schreiner war ihm damals eine große Karriere prophezeit worden. Als Anja vor vier Jahren das Institut verlassen hatte, war bereits abzusehen gewesen, daß die Liebe zur Weisheit Fridtjof unglücklich machen würde. Die Dinge hatten ihre Erfüllung gefunden.

Anja schenkte ihren letzten Blick der in einem unteren Fach darniederliegenden Männlichkeit Schreiners, dann verließ sie den Postraum.

Der Weg ins obere Stockwerk führte durch ein geräumiges Foyer, über eine geschwungene Treppe mit anthrazit metallenem Geländer und schließlich über eine schmale Galerie. Anja hatte sich schon immer gefragt, wie es dieses Gebäude fertigbrachte, trotz der großen Glasflächen innen so düster zu wirken. Die Beleuchtung aus nackten Glühbirnen, die von Metallgittern nur spärlich bedeckt waren, verstärkte eher den Eindruck der Dunkelheit, als daß sie wirklich für Licht gesorgt hätte. Der Architekt mußte den Spruch, daß die Eule der Minerva ihren Flug erst mit der Dämmerung beginnt, wörtlich genommen haben.

Eigentlich hatte sich Anja geschworen, nie wieder ein Philosophisches Institut zu betreten, dieses nicht und auch kein anderes. Aber der Anruf, der sie heute morgen aus dem Bett geklingelt hatte, ließ sie ihrem guten Vorsatz untreu werden. Rebecca Lux, Direktorin dieser Anstalt, Spezialistin für antike Philosophie und Anjas ehemalige philosophische Lehrerin, hatte sie in einem keinen Widerspruch duldenden Tonfall gebeten, sofort herzukommen. Da Rebecca sehr wohl von Anjas Einstellungen hinsichtlich des Instituts wußte, war anzunehmen, daß etwas wirklich Schwerwiegendes geschehen sein mußte. Anja vermutete, das Schwerwiegende nun im Erdgeschoß gesehen zu haben, aber so richtig verstand sie nicht, was sie in dieser Angelegenheit sollte.

Anja wollte gerade an Rebeccas Zimmer anklopfen, als am anderen Ende der Galerie eine Tür aufflog. Heraus stürmte eine schlanke, blonde Frau in schwarzer Stretchhose und roter Bluse, mit einem großen Stapel Büchern unter dem Arm. Anja erkannte ihre feministische Erzfeindin früherer Tage sofort wieder. Soviel sie wußte, hatte Petra Uhse an diesem Institut inzwischen Karriere als Assistentin gemacht, ebenso wie Hugo Lévi-Brune, der nun in der Tür erschien. Sein altmodischer, großkarierter Anzug und die schwarze Lockenkrause seiner Halbglatze flatterten, als er Petra Uhse hinterhereilte. Diese erreichte die Treppe zum Foyer, ohne Anja zu beachten. Um ihre verkniffensinnlichen Lippen herum zuckte es. »Was soll das heißen, ›ich kann jetzt nicht kopieren‹? Ganz im Gegenteil – jetzt kann ich endlich in Ruhe kopieren.«

Hugo stolperte hinter Petra die Treppe hinunter. Sein Unterkiefer zitterte erregt. »Petra, du wirst doch nicht ich meine: äh Schreiner – er ist doch immer noch da –«

Die Angesprochene blieb abrupt stehen und drehte sich mit ausgestellter Hüfte um. »Ja und? Da in den Postfächern stört er mich weniger, als wenn er mit seinem Nietzsche-Quatsch stundenlang den Kopierer belegt.« Petras Lippen kräuselten sich verachtungsvoll lasziv. »Hast du dir eigentlich schon mal Gedanken darüber gemacht, wieso es immer die Formal-Logiker sind, die zu so einem irrationalen Pietätsgedusel neigen?«

Hugo führte ein stummes Mundballett auf, während Petra ihren Marsch zum Kopierer fortsetzte.

Da dies der Abgang der beiden zu sein schien, klopfte Anja nun an Rebeccas Tür und öffnete, ohne auf ein »Herein« zu warten. Rebecca Lux stand mit dem Gesicht zum Fenster. Einige verirrte Sonnenstrahlen umspielten die Silhouette der mittelgroßen, knochigen Gestalt im eleganten schwarzen Seidenanzug. Anja blieb in der Tür stehen. Der Seidenstoff um Rebeccas schmalen Rücken schimmerte matt. Anja war sich sicher, Rebecca niemals in einer anderen Kleidung gesehen zu haben. Diese schwarzen Anzüge strahlten dieselbe Strenge und Klarheit aus wie ein korrekter Syllogismus.

Anja sah wieder das Bild vor sich, als sie das erste Mal in Rebeccas Sprechstunde gekommen war. Die Professorin hatte so dagestanden wie jetzt, mit dem

Rücken zur Tür, die linke Hand auf den Ebenholzstock mit Silberknauf gestützt, das seit Geburt leicht kürzere linke Bein nach hinten angewinkelt. Aber das erste Bild lag fast fünfzehn Jahre zurück, Rebeccas damals pechschwarze Haare waren silberweiß geworden. Anja riß sich von dem Anblick dieser Allegorie reiner Vernunft los und zog die Tür hinter sich mit einem leisen Knall zu. Rebecca Lux fuhr herum. »Ach, du bist es.«

»Hast du jemand anderen erwartet?« Anja ließ sich in einen der dunkelbraunen Institutssessel fallen. An einigen Kanten quoll aus dem zerschlissenen Stoff die Füllung hervor.

»Nein.« Rebecca ging leicht hinkend zu dem anderen Sessel und ließ sich umständlich nieder. Anja war fest davon überzeugt, daß Rebeccas Gehbehinderung mehr Teil ihrer Vorstellung von philosophischer Existenz denn wahrhaft anatomisches Leiden war. Rebecca zog eine Packung *Roth-Händle* aus ihrer Blazertasche, klopfte sich eine Zigarette heraus und hielt Anja die Schachtel hin.

»Du weißt doch, daß ich das Zeug nicht rauche.« Anja holte ihre eigene Packung *Prince Denmark* aus der Hosentasche. Rebecca zuckte mit der linken Schulter und zündete sich ihre Zigarette an. Eine Zeitlang qualmten beide schweigend. Außer dem Rauch, der langsam in Lungen gesogen und durch Nasenlöcher ausgestoßen wurde, um sich schließlich in kleinen Kringeln unter der Zimmerdecke aufzulösen, bewegte sich nichts.

Während sich Rebecca ihre zweite Zigarette ansteckte, drückte Anja die ihre energisch aus. »Hättest du nun vielleicht die Güte, mir zu verraten, wieso du mich herbestellt hast?«

Rebecca bewegte eine Weile stumm den Kopf, wobei sie gedankenverloren mit ihrem Stock auf den Boden klopfte. »Findest du die Sache mit Schreiner nicht wenigstens merkwürdig?«

Anja zupfte einige Hundehaare von ihrem schwarzen Ärmel. Sie konnten nur von Vico stammen, Rebeccas steinaltem Neufundländer. Anja fragte sich, wieso Rebecca ihn heute nicht mitgenommen hatte. Früher war er fast immer im Institut dabeigewesen. »Na ja. Hast du abgesehen von den Motiven, die hier jeder hat, jeden umzubringen – irgendeine Idee, was dahinterstecken könnte?«

Rebecca schwieg und blickte zum Fenster hinaus, nachdem sie abwesend in die volle Kaffeetasse gescht hatte, die auf dem niedrigen Resopaltischchen neben ihr stand. »Schreiner hatte in letzter Zeit eine Menge Ärger. Für Uhse war er ein chauvinistisches Arschloch, Lévi-Brune hielt ihn für einen Antisemiten, Wogner bezeichnete ihn als philosophisches Unglück, und die Studenten haben ihn auch mehr und mehr gehaßt.« Rebecca nahm einen Schluck aus ihrer Kaffeetasse. »Vor einem halben Jahr gab es einen Skandal, in den Schreiner verwickelt war. Einer seiner Studenten hat über der Magisterarbeit Selbstmord begangen. Er wollte die Arbeit eigentlich bei mir schreiben, ich habe abgelehnt – irgend so ein Nietzsche-Thema. Vielleicht hätte Schreiner ihn besser auch abgelehnt.« Rebecca beugte sich vor und malte mit dem Stock unbestimmte Kreise auf den Teppichboden. »Ich glaube, seitdem hat keiner mehr bei Schreiner Magister gemacht, geschweige denn eine Promotion. Der einzige, der hier überhaupt noch mit ihm geredet hat, war Maier-Abendroth.«

Anja verzog das Gesicht. »Da sind ja die Richtigen zusammen. – Und du, wie war dein Verhältnis zu Schreiner?«

Rebecca zuckte die Schultern. »Das kannst du dir doch selbst denken.«

Anja verspürte den Anflug von Gereiztheit, die sie im Umgang mit Rebeccas herausfordernder Sprödigkeit nur zu gut kannte. »Verrätst du mir dann auch noch, warum du die Angelegenheit für so wichtig hältst, daß du mich mitten in der Nacht anrufst und hierherzitierst? Und erzähl' mir bitte nicht, die Moralphilosophin in dir sei erschüttert.«

Ein entschiedenes Türklopfen ersparte Rebecca die Antwort. »Ja bitte?«

»Kriminalpolizei!«

Die Tür flog auf, und ein stämmiger Herr mit blondem Schnäuzer baute sich vor Rebecca und Anja auf. Ein weiterer Beamter flankierte ihn. »Frau Professor Lux? – Kriminalhauptkommissar Glombitza, Heinz Glombitza.« Er wandte sich zielsicher an Rebecca. »Sie sind die Direktorin des Instituts?«

Rebecca nickte.

»Ich muß Ihnen einige Fragen stellen. Unter vier Augen.« Der Kriminalhauptkommissar warf einen unfreundlichen Blick auf Anja. Diese verkniff sich die Frage, ob der kleine, grienende Beamte hinter ihm denn keine Augen hatte, und stand auf. Für einen Moment sah sie sich auf Rebecca zugehen und ihre Hand über deren Rücken streichen. Statt dessen wandte sie sich zur Tür. »Rebecca, wir telefonieren.«

Anja war froh, Rebecca den zwei Ordnungshütern allein überlassen zu können. Sie verstand immer noch nicht, weshalb sie sie ins Institut bestellt hatte.

Fridtjof kreiste gleich einem verirrten Planeten durchs Foyer, als Anja das Gebäude verließ. Sie war bereits ins Freie getreten und hatte einmal tief durchgeatmet, als sie hinter sich ein heiseres Flüstern hörte.

»Kehre um! Er wird uns alle holen!«

Anja roch den fauligen Atem, noch bevor sie sich umgedreht hatte. Fridtjof legte die Hand vor den Mund und neigte sich zu ihr hin. »Der Übermensch ist gekommen.« Die ausgefranste Lippe über der Zahnlücke verzog sich zu einem Grinsen.

»Ah ja?« Anja fragte sich, ob Fridtjof sie wiedererkannt hatte.

»Der Übermensch hat ihn vernichtet. Er wird uns alle vernichten. Mich, dich, alle hier.« Fridtjof richtete seinen Zeigefinger auf sich, dann drückte er ihn Anja auf die Stirn und ließ ihn schließlich in einem vagen Halbkreis über das Institut hinwegfahren. »Der Tag ist gekommen.«

Anja suchte in ihrer Jackentasche nach ein paar Groschen. Sie fand ein Markstück, das sie dem Instituts-Clochard in die Hand drückte. »Da, kauf dir davon 'nen Kaffee, bis es soweit ist.«

Fridtjof blickte befremdet auf die kleine silberne Metallmünze.

Die Irren hatte Anja schon immer als den besonderen Reiz des Instituts empfunden. Wenn diese im Foyer saßen, mußte sie stets an die Lobby eines Pharmakonzerns denken, der seine Nebenwirkungsgeschädigten zur Schau stellt. Doch seit heute war sich Anja nicht mehr so sicher, daß sich Neben- und Hauptwirkungen sauber trennen ließen.

Geschwindigkeit und Politik

Ein Lächeln überzog Anjas Gesicht, als sie Hektor sah, der brav vor dem Institut auf sie wartete. Hektor war ein neun Monate alter, nachtblauer Mercedes Sechshundert SEL mit schwarzen Ledersitzen und Nußholzarmaturen. Anjas Eltern waren vor einem knappen Jahr bei einem Verkehrsunfall ums Leben gekommen und hatten der einzigen Tochter eine Erbschaft hinterlassen, die sich zwar als niedriger erwies, als diese gehofft hatte, aber immerhin groß genug für die Erfüllung ihres zärtlichsten Wunsches war. Als erste Amtshandlung nach Testamentsverlesung und einigen kleinen Rechenarbeiten hatte Anja also die Bestellung dieses Wunderautos mit Sitzheizung, Klimatisierungsautomatik, Doppelverglasung und Achtzehn-Loch-Leichtmetallfelgen aufgegeben. Mit dem restlichen Geld hatte sie ein spezielles Erbschaftskonto angelegt, das nun Hektor gehörte, und von dem er – wenn keine größeren Zwischenfälle passierten – die nächsten drei Jahre würde leben können. Schließlich war Hektor gar nicht so gefräßig, wie man ihm nachsagte. Bei seinem Gewicht von über zwei Tonnen fand Anja die zwanzig Liter »Super bleifrei«, die er im Stadtverkehr schluckte, eigentlich recht bescheiden. Dennoch: der Tag, ab dem Hektor ihr die Haare vom Kopf fressen würde, rückte näher.

Hektor startete mit sonorem Schnurren, offensichtlich dankbar, daß man ihn aus der peinlichen Nachbarschaft der drei grün-weiß gepinselten Polizei-Ladas befreite.

Der Verkehrsfunk meldete Stau auf allen Strecken. Anja überlegte, ob sie die nächste Stunde lieber in der Innenstadt oder auf der Stadtautobahn stehen würde. Sie entschied sich für letzteres. Stau auf der Autobahn war eine klare Sache.

Das Radio hatte nicht zuviel versprochen. Bereits auf der Autobahnauffahrt am Breitenbachplatz regte sich nichts mehr. Aber Anja hatte Zeit. Die notorische Party-Stimme des *RTL*-Moderators verriet ihr, daß es in Berlin und Brandenburg jetzt fünfzehn Uhr sei. Anja mußte erst um sechzehn Uhr in ihrer Praxis sein.

Nach zwanzig Semestern hatte sie die Hoffnung, daß Philosophie und klares Denken etwas miteinander zu tun hätten, endgültig fahrenlassen und ihr Studium an den Nagel gehängt. Ihrem ausgeprägten Sinn für Direktheit waren die geistigen Knoten, mit denen sich dieses Institut selbst fesselte, immer unerträglicher geworden. Da Anja nun aber nicht zu dem Genre Frau gehörte, das im Alter von dreißig, nach abgebrochenem Geisteswissenschaftsstudium, heiratete oder zur Fremdsprachensekretärin umschulte, hatte sie im vornehmen Berliner Stadtteil Halensee eine »Philosophische Praxis für Lebensfragen« gegründet. Das Geschäft lief zwar nicht gerade großartig, aber es gab doch einige reiche Sorgenkinder, auf die Anjas Werbespruch von der »diskursiven Verflüssigung Ihrer Lebensprobleme« tiefen Eindruck machte.

Im Radio lockte an diesem Tag zum zweiten Mal: *Go west, life is peaceful there, go west, in the open air, go west, where the skies are blue, go west, this is what we gonna do.* Wenn Anja sich auf der Straße umblickte, kam sie zu dem Entschluß, daß man diesen Song verbieten sollte. Es gab zu viele naive Skodas und Ladas, die dieses Lied auf dumme Gedanken brachte.

Anja lehnte sich in Hektors breitem Fahrersitz zurück. Im allgemeinen wunderte es sie ja nicht, daß an diesem Institut ein Mord begangen worden war, an diesem Institut, in dem man stundenlang darüber diskutieren konnte, ob Tod und Leben immer entgegengesetzt sein müssen. Ebenso wunderte sie es im besonderen nicht, daß es Schreiner erwischt hatte. Er und seine Nietzsche-Mannen hatten um sich schon immer die Aura des Katastrophischen verbreitet, wenn sie mit ihren vom »Oh-Mensch«-Gebrülle gezeichneten Mienen im Foyer herumstanden. So betrachtet konnte Schreiner mit seinem Abgang aus dem Diesseits zufrieden sein.

Gereiztes Hupen ließ Anja hochschrecken. Die Blechschlange vor ihr hatte sich symbolisch weiterbewegt. Anja tat dem Siebener BMW mit B-MW-Kennzeichen hinter ihr den Gefallen und parkte sich vier Meter weiter nach vorn. Autos mit Minderwertigkeitskomplex mußte man eben auch die eine oder andere kleine Freude im Leben gönnen.

Anja hielt es für möglich, daß einer der Institutsirren, die auf Schreiners Konto gingen, zurückgeschlagen hatte. Andererseits waren die meisten von ihnen bereits so verloren, daß sie nicht einmal mehr wußten, daß Schreiner sie auf dem Gewissen hatte. Außerdem wirkte die Aktion sorgfältig geplant und präzise ausgeführt.

Somit war es vielleicht doch ein ordentliches Institutsmitglied gewesen. Wenngleich Petra Uhse sich keinen Zwang angetan hatte, ihrer Genugtuung über

Schreiners Tod Ausdruck zu verleihen, glaubte Anja nicht, daß sie Schreiner zerstückelt hatte: Petra Uhse war nicht die Frau, die konsequent den Schritt vom Schreibtisch zur Kettensäge vollzog.

Hugo Lévi-Brune dagegen schien rührend besorgt, des toten Schreiners Pietät zu wahren. Das mußte nicht unbedingt im Widerspruch dazu stehen, daß Rebecca erzählt hatte, Hugo habe Schreiner für einen ewigen Antisemiten gehalten. Hugo fehlte in Situationen wie der heutigen die Kraft, seine eigentlichen Positionen zu behaupten.

Blieb noch Hinrich Wogner. Er hatte Schreiner schon immer aus seinem ganzen tiefen Herzen verachtet. Für den feingliedrigen Musik-Ästhetiker mußte allein die physische Präsenz des dröhnenden Fleischgebirges eine Qual gewesen sein. Ganz zu schweigen von Schreiners philosophischen Kraftmeiereien, die die Kehrseite seines Welthasses gewesen waren und Wogner regelmäßig zum Erblassen gebracht hatten.

If we took a holiday' yeah, took some time to celebrate, just one day out of life, it would be, it would be so nice. Anja drehte das Radio leiser. Beim Blick auf den Kilometerstand fiel ihr ein, daß Hektor einen Ölwechsel brauchte.

Sie spürte, daß ihr der Institutsaufenthalt nicht bekommen war. Nicht einmal Hektor gelang es heute, ihre Hirntätigkeit mit seinem vornehm gedämpften Zwölf-Zylinder-Stampfen in Gleichmaß zu bringen. Eigentlich sollte sie sich seit einer Viertelstunde auf die Lebensprobleme Hildegard Kloppenbrinks, ihrer besten – und im Moment auch einzigen – Kundin, einstimmen. Aber – *so what.*

Der gealterte Intellektuellen-Yuppie Willi Maier-

Abendroth war bis zuletzt Schreiners philosophischer Stammtischbruder geblieben. Die beiden hatten sich schon zu Anjas Zeiten bestens verstanden und mit ihrem bevorzugt männlichen Studentenkreis gemeinsame Heidegger-Wochenend-Seminare veranstaltet. Anja hätte zwar vermutet, daß Maier-Abendroths jüngste, sehr weltzugewandte Politikambitionen ein Grund gewesen wären, ihn und den hauptberuflich an der Welt leidenden Schreiner zu entzweien, aber richtige Männerfreundschaften waren über solch kleine Differenzen wohl erhaben.

Im Seitenspiegel verfolgte Anja, wie sich der BMW mittlerweile auf der linken Spur an Hektor heranarbeitete.

Sie verstand immer weniger, wieso Rebecca sie zu sich bestellt hatte. Viel verraten hatte sie ihr nicht, einen triftigen Grund schien es also nicht zu geben. Andererseits wäre es heute das erste Mal gewesen, daß Rebecca einfach nur so nach ihr verlangt hätte. Daß ausgerechnet Schreiners Tod einen derartigen Schwächeanfall bei der einzigen nüchtern denkenden Person an diesem Institut verursacht haben sollte, konnte Anja kaum glauben. Außerdem hatte ihre alte Freundin vorhin nicht besonders anlehnungsbedürftig gewirkt, eher noch unnahbarer als sonst. Anja wußte jedoch, daß es gerade das war, was sie immer noch an Rebecca fesselte. Seitdem sie die Professorin das erste Mal gesehen hatte, kannte sie die verbotene Lust auf ein intelligibles Wesen.

Der Rundfunk-Moderator verkündete die Uhrzeit in dem Tonfall, mit dem man ganz persönliche Geschenke überreicht: fünfzehn Uhr zweiundvierzig. Erschrocken stellte Anja fest, daß sie noch im Privatoutfit, bestehend aus Lederjacke, Jeans und Cowboystiefeln, war. Sollte sie der gediegenen Hildegard Kloppenbrink jemals so über den Weg laufen, wäre sie vermutlich auch ihre letzte Kundin los. Also griff Anja hinter den Fahrersitz, wo ihre Berufskleidung – ein dezent teures Seidenkostüm mit passender Bluse – über einem Bügel wartete. Anja schälte sich aus ihren Stiefeln und Hosen. Aus dem BMW heraus, der sich inzwischen auf Schnauzenlänge mit Hektor befand, wurden ihre Verrenkungen betont unauffällig verfolgt. Anja stellte das Radio wieder lauter: *All I want is a little reaction, just enough to tip the scales, I'm just using my female attraction on a typical male.*

Anja warf ihre Jeans auf den Rücksitz und schlängelte sich in den knielangen Rock. Auf dem Fahrersitz des BMW ruckte es. Anja überlegte, daß sie Hektor vielleicht nicht nur mit einem Rollo für das Heckfenster, sondern auch noch mit einem für die Frontscheibe und Gardinen hätte ausstatten lassen sollen. Andererseits hatte so ein improvisierter Striptease montags nachmittags auf der Stadtautobahn auch seine Reize. Anja räkelte sich genüßlich aus ihrem schwarzen Wollpulli und warf ihn mit gespreizten Fingern ebenfalls auf die Rückbank. Auf der Straße rührte sich gerade gar nichts, so daß die Chance, einen kleinen BMW-Auffahrunfall zu provozieren, leider gering war. Nachdem Anja noch eine Weile so getan hatte, als ob sie ihr Oberteil nicht finden könnte, vervollständigte sie ihre Garderobe mit Bluse, Blazer und High Heels. Zum Abschluß steckte sie ihren Haarwust hoch und zückte einen knallroten Lippenstift, der sich mit ihrer neuen Haarfarbe »Rubin« gerade um die Nuance biß, daß es pikant aussah. Im Rückspiegel betrachtete sie ihr Werk. Sie war zufrieden mit dem scharfgeschnittenen Gesicht, aus dem zwei dunkle Augen, eine markant gebogene Nase und der signalrote Mund hervorstachen. Jetzt fehlte nur noch die schmale schwarze Kastenbrille mit Fensterglas. Anja fand, daß erst sie ihr den nötigen seriösen Touch verlieh.

Langsam näherte sich Anja der akuten Stauursache, die, mit dem Autofahrer-Unfähigkeitsfaktor multipliziert, die fünf Kilometer lange Blechschlange produziert hatte. In Situationen wie dieser war Anja froh, daß sie schon länger zu der goldenen Berlin-Überlebensregel gefunden hatte: Niemals wundern oder ärgern! Laut Warnschild würde sich in fünfhundert Metern die Stadtautobahn von drei Spuren auf eine einzige verjüngen. Das Wochenende war vorbei, und sicherlich mußte wieder einmal dringend nachgesehen werden, ob unter dem Asphalt noch alles in Ordnung war.

Dem BMW, der Anja nun am Ende des Spurts um drei Pferdelängen überholt hatte, fehlte offensichtlich das entspannte Verhältnis zur Berliner Verkehrspolitik. Er hatte allein in den letzten fünf Minuten elfmal die Spur gewechselt.

Anja erreichte die Trendelenburgstraße um Punkt vier. Ganz gegen alles Gewohnte war vor Haus Nummer siebzehn, in dessen viertem Stock Anjas Praxis lag, nicht nur eine freie Parklücke, sondern sogar eine, die lang genug war, Hektors würdige fünftausendzweihundertdreizehn Millimeter Maximallänge zu beherbergen. Wie zwei kleine Schneckenfühler fuhr Hektor seine Peilstäbe am Heck aus, und Anja parkte ein.

Kommunikative Kompetenz

Hildegard Kloppenbrink, geborene von Zernack, saß bereits im Armani-Kostümchen mit zusammengepreßten Knien und durchgedrücktem Rücken auf dem Plexiglas-Stuhl vor Anjas Praxis und blätterte in dem Katalog eines berühmten Auktionshauses, als Anja um fünf nach vier den Flur betrat. Auch Frau Kloppenbrink schien heute noch angespannter zu sein als gewöhnlich.

Sie war eine zierliche, blondierte Dame in den beginnenden Fünfzigern und keine einfache Existenz. Aus einem alten, aber verfallenen Adelsgeschlecht stammend hatte sie früh bürgerlich geheiratet, ganz im Sinne der selbstgestellten Lebensaufgabe, ihre Familie als bürgerliche zu restaurieren. Zu diesem Zweck hatte sie zwei Kinder in die Welt gesetzt, die im Geiste deutscher Bourgeoisie erzogen worden waren, inzwischen aber ihre eigenen Wege gingen. Nach dem Verlust ihres familiären Betätigungsfeldes hatte Frau Kloppenbrink einen kleinen Kunstverlag gegründet, der in einschlägigen Kreisen für seine erlesenen Bildbände mit Biedermeiermöbeln bekannt war.

Verheiratet war die geborene von Zernack mit einem finanzkräftigen Berliner Immobilienmakler, der seiner Frau zwar die beiden Kinder und den Verlag geschenkt hatte, sie aber in anderer Hinsicht seit nunmehr fast dreißig Jahren höchst unbefriedigt ließ. Eben dieser Mißstand und die gesellschaftlich-sozialen Bedenken bezüglich einer Psychoanalyse hatten Frau Kloppenbrink in Anjas Praxis getrieben. In monatelanger, mühevoller Kleinarbeit hatte Anja ihre Kundin zu dem Punkt gebracht, wo sie wenigstens bereit war einzusehen, daß es nicht unbedingt an ihr liegen mußte, wenn ihre Libido sich nicht in der Weise entfalten konnte, wie es zu wünschen gewesen wäre. Nach weiteren Monaten angestrengter Diskussionen, in denen die moralisch-ethischen Aspekte des Ehebruchs gegen das Recht auf sexuelle Selbstverwirklichung abgewogen wurden, war Hildegard Kloppenbrink dazu entschlossen, sich einen Liebhaber zu nehmen.

Anja gab ihrer Hoffnung Ausdruck, daß Frau Kloppenbrink nicht zu lange auf sie gewartet hatte, und schloß ihre Bürotür auf. Ein bißchen fühlte sie sich jedesmal wie im Fummel auf einem Tuntenball, wenn sie in ihre Praxis stöckelte. Aber schließlich wußte sie, was ihre Kunden von ihr erwarteten. Den Ausdruck »Patient« verwendete Anja zur Bezeichnung ihrer Kunden nie – sie lebte nicht zuletzt davon, daß sie ihre Patienten Kunden nannte.

Passend zu Anjas Bekleidungsdesign herrschten im Raum kühles Chrom und Leder vor, an den Wänden hingen einige »abstrakte Expressionisten«. Anja fand diese Einrichtung im Grunde scheußlich, aber ihre Urteilskraft hatte ihr gesagt, daß eine Philosophische Praxis in Halensee so eingerichtet sein müsse.

Hildegard Kloppenbrink nahm auf der vordersten Kante eines der schwarzen Ledersessel Platz, während Anja Teewasser aufsetzte. Sie wählte für jeden ihrer Kunden – oder richtiger: jede ihrer Kundinnen – eine besondere Gesprächssituation. Im Falle Frau Kloppenbrinks hatte sich die gezwungen-entspannte Atmosphäre eines Kaffeekränzchens unter Frauen von Stand als die beste Basis für heikle Gespräche erwiesen.

»Wie ist es Ihnen am Wochenende ergangen?«

»Danke, ça va.« Frau Kloppenbrink rückte die dunkelblaue Lacklederhandtasche auf ihrem Schoß zurecht. »Gestern konnte ich auf einer Auktion ein herrliches russisches Tafelservice von achtzehnhundertsechsundsiebzig ersteigern, eine prachtvolle Kreation aus der Zarenzeit, Porzellanmanufaktur Sankt Petersburg.«

Anja wußte aus Erfahrung, daß Frau Kloppenbrink Entscheidendes erlebt haben mußte, wenn sie mit irgendwelchen Geschichten von Möbeln oder Geschirr anfing.

»Zar Nicolai Romanow und seine Familie sollen noch kurz vor ihrem unglücklichen Ende von diesem Geschirr gegessen haben. Ich weiß nicht, ob Sie sich mit Porzellan auskennen, Frau Abakowitz, aber Sie können sich sicher vorstellen, wie kostbar dieses Service ist.«

Anja reagierte nicht. Hildegard Kloppenbrink mußte selber zu dem Punkt kommen, an dem sie merkte, daß Ausweichmanöver in zaristisches Tafelgeschirr sinnlos waren.

»Seit der Revolution war dieses Service verschwunden, man glaubte es verloren, bis es Ende der Achtziger in Moskau wieder auftauchte. Danach verschwand es wieder in Ostberliner Privatbesitz. Ja, und dann tauchte es bei ›Altus‹ wieder auf, und nun ist es in meinem Privatbesitz. Einige Teller sind an der Glasur beschädigt, aber insgesamt befindet es sich in einem erstaunlichen Zustand.«

Frau Kloppenbrink blickte zu Anja auf, die ihre einhundertvierundachtzig Zentimeter Körperlänge lässig an die Schreibtischkante gelehnt hatte und ihre Kundin mit einem ruhigen, leicht ironischen Lächeln ansah. Hildegard Kloppenbrink machte nochmals den Mund auf, um ihn dann stumm wieder zu schließen. Sie merkte, daß sie verloren hatte.

Anja setzte sich auf die Lehne des Sessels, der ihrer Kundin gegenüberstand. Sie wußte, daß in derartigen Situationen ihre sonore Stimme Balsam auf wunden Frauenherzen war. »Mir scheint, daß Sie nicht ganz aufrichtig sind, Frau Kloppenbrink. Ihrer ganzen heutigen Erscheinung glaube ich ablesen zu können, daß Sie etwas erlebt haben, das Sie nicht unberührt ließ. Der Ankauf eines Tafelgeschirrs wird Sie doch nicht so verwirren, daß Sie zu einem dunkelblauen Kostüm braune Strumpfhosen tragen.«

Erschrocken blickte Frau Kloppenbrink an ihren Beinen hinab. Anja hatte recht, sie trug tatsächlich braune Strumpfhosen, die in Kombination mit ihrem sonstigen Habillement nicht anders als fraglich bezeichnet werden durften.

Hildegard Kloppenbrink errötete. Das Teewasser kochte genau im richtigen Augenblick. Anja stand auf. »Orange Pekoe, Earl Grey, Darjeeling, Ceylon, Frau Kloppenbrink?«

»Darjeeling, wenn ich bitten darf.«

Anja sagte sich einmal mehr, daß ihre Kundinnen eine so ausgewählte Behandlung sicher nirgends sonst erfuhren. Sie überbrühte den Tee und nach drei Schweigeminuten, in denen Frau Kloppenbrink immer wieder versucht hatte, unauffällig ihren Rock weiter über die Knie zu ziehen, begannen die Damen an ihren Teetassen zu nippen.

»Ich habe Ihnen nicht alles gesagt.«

Neuerliches Schweigen breitete sich im Raum aus. Während Anja es sich bequem machte, saß Frau Kloppenbrink immer noch auf ihrem Sessel, als wäre er nicht von Thonet, sondern ein Fakirbrett.

In einem der oberen Stockwerke übte jemand Blockflöte. Auf der Straße kläffte ein Köter. Hildegard Kloppenbrink begann zu weinen. »Ich habe jemanden kennengelernt.«

Anja gab ihr ein Taschentuch, die Arie konnte beginnen.

»Mein Mann war über das Wochenende auf Geschäftsreise in Westdeutschland. Also bin ich am Sonntag vormittag auf diese Auktion bei ›Altus‹ gegangen, Sie wissen schon, dort, wo ich das Service ersteigert habe. Er saß schräg vor mir, ein junger Mann, vielleicht so um die dreißig. Er ist mir sofort aufgefallen, er hatte so etwas Frisches, Entschlossenes. Bei dem Tafelservice hat er das erste Gebot gemacht, ich bin dann später eingestiegen. Am Schluß haben nur noch wir beide geboten. Wie Sie bereits wissen, habe ich gewonnen. Nach der Auktion kam er zu mir und sagte, wenn ich ihn schon bei der Versteigerung übertrumpft hätte, ob ich wenigstens zulassen würde, daß er mich zum Mittagessen einlädt. Wir sind in die ›Paris Bar‹ gegangen, es war wunderbar. Ich habe mich schon lange nicht mehr so gut unterhalten, er war charmant, witzig, gebildet.«

Anja überlegte einen Augenblick, ob sie das mit der »Schon-lange-nicht-mehr-so-guten-Unterhaltung« Frau Kloppenbrink übelnehmen sollte.

»Schließlich hat er mich mit seinem Alfa nach Hause gefahren, es war bestimmt schon spät am Nachmittag. Ich wußte nicht, was ich tun sollte. Zu mir konnte ich ihn auf keinen Fall einladen, da mein Mann am Abend zurück sein würde. Andererseits erschien es mir doch allzu verwegen, ihn zu fragen, ob wir nicht noch zu ihm fahren könnten. Wir saßen im Auto vor meiner Haustür, und ich litt wirkliche Todesqualen. Gerade als ich in meiner Verzweiflung aussteigen wollte, faßte er mich um die Schulter und ja – Frau Abakowitz, er ist so sensibel, er muß meinen Kampf gespürt haben.«

Daran wagte Anja keine Sekunde zu zweifeln. Frau Kloppenbrink nestelte wieder an ihrem Rock herum. »Wir sind dann zu ihm gegangen, ja und dann ist es passiert.«

»Ist es so passiert wie sonst immer mit Ihrem Mann oder anders?« Anja nahm in ihren Formulierungen Rücksicht auf die arme Kloppenbrink, die inzwischen wieder am Weinen war.

»Nein, es war ganz anders, das ist es ja. Ich glaube, mein gesamtes Leben ist durcheinander, ich bin völlig hilflos, ich weiß gar nicht, wie ich damit umgehen soll.«

Anja gratulierte innerlich dem Adonis, der es der gesitteten Kloppenbrink zum ersten Mal in ihrer Kultur hatte unbehaglich werden lassen. Gleichzeitig registrierte Anjas Geschäftsseele befriedigt, daß die Hingabe an einen Alfa-fahrenden, auf Auktionen herumlungernden Jungspund einen neuerlichen Therapiegrund bot. »Aber liebe Frau Kloppenbrink, das ist doch ein enormer Fortschritt. Ich bin sicher, Sie haben eine radikal neue Dimension an sich erfahren, und daß neue Dimensionen erst einmal das subjektive Gefühl der Unordnung, ja der Angst entstehen lassen, ist ganz natürlich. Es wird einige Zeit dauern, bis Sie diesen neuen Aspekt in Ihre Persönlichkeit integriert haben, aber ich bin ja da, Ihnen dabei zu helfen – und glauben Sie mir: Die Anstrengung lohnt sich.«

Hildegard Kloppenbrink antwortete mit einer nicht ganz eindeutigen Kopfbewegung. »Ich weiß nicht, ich glaube, vorher war mein Leben einfacher.«

»Da haben Sie bestimmt recht, aber denken Sie denn, daß der einfachste Weg immer der beste ist? Als Sie zu mir kamen, haben Sie selbst gesagt, daß Sie es in Ihrer gewohnten Existenz nicht mehr aushalten. Es war höchste Zeit, daß in Ihre erstarrte Daseinsform neuer Antrieb gebracht wurde.«

»Ich muß mir das alles noch einmal in Ruhe überlegen. Ich weiß nicht, ob Ihr Rat wirklich gut für mich ist.«

Nun wurde es Anja langsam etwas unbehaglich zumute. Sie ahnte, daß sie entweder eine Kundin verlieren oder eine Kundin fürs Leben gewinnen würde. Es kam immer wieder vor, daß Frauen gewisse Erfahrungen in späteren Jahren schlechter verkrafteten als in früheren.

Frau Kloppenbrink schneuzte lautlos. »Ich glaube, ich muß jetzt gehen, das Gespräch mit Ihnen verwirrt mich noch mehr. Ich brauche ein wenig Ruhe und Schlaf.«

»Ich kann Sie nicht halten, Frau Kloppenbrink, aber ich kann Sie davor warnen, eine wertvolle Chance in Ihrem Leben verstreichen zu lassen. Wenn Sie wieder mit sich ins Gleichgewicht kommen wollen, müssen Sie lernen, Ihre Sexualität zu akzeptieren. Unterdrückte Natur rächt sich.«

Die letzten Sätze katapultierten Frau Kloppenbrink

aus ihrem Sessel, mit der einen Hand preßte sie das zerfaserte Papiertaschentuch an ihren Mund, mit der anderen umklammerte sie die dunkelblaue Handtasche. Ihrer Kehle entrang sich ein letztes, leises Schluchzen, dann floh sie aus der Praxis hinaus.

Anja mußte zugeben, daß die »diskursive Verflüssigung der Lebensprobleme« in diesem Falle mehr verflüssigt hatte als beabsichtigt.

Da sie nun nichts Besseres mehr zu tun hatte, begann Anja, ihren Schreibtisch aufzuräumen und Post zu erledigen. Ihre Pumps kickte sie in eine Ecke, die Fensterglasbrille legte sie etwas behutsamer ab. Über den noch nicht bezahlten Rechnungen ihrer letzten Kundin versank sie ins Grübeln. Ohne es zu merken, starrte sie zum Fenster hinaus. Eine speckige Hand mit Goldring. Ein schwarz umhüllter Frauenrücken im Gegenlicht. Ein dunkelblaues Armani-Kostüm, hastig auf den Fußboden hinabgeglitten. Eine Strumpfhose, in die die Lust ihre Löcher gerissen hatte. Hektor im Pfandhaus. Die *Prince Denmark*, die sich Anja angezündet hatte, verqualmte sinnlos im marmornen Aschenbecher.

Als sie aus ihren konturlosen Gedanken wieder aufwachte, war es finster geworden. Auf der Straße und im gegenüberliegenden Haus waren Lichter angegangen, im dritten Stock saß eine Familie beim Abendessen. Anja fand, daß die Winterzeit eine dumme Einrichtung war.

Sie knipste die Schreibtischlampe an und klappte die Kundenakte zu. Ihr Instinkt sagte ihr, daß dies die letzten Rechnungen waren, die sie auf den Namen »Hildegard Kloppenbrink« ausgestellt hatte.

Eigentlich klang der Sachverhalt, daß der erste Orgasmus einer Frau die Arbeitslosigkeit einer anderen auslöst, wie aus einem Lehrbuch der Chaostheorie und nicht wie aus dem richtigen Leben.

Die Tränen des Eros

Als Anja ihre Wohnungstür aufschloß, schlugen ihr beißende Rauchschwaden entgegen. Sie kämpfte sich durch den Flur in Richtung Küche. Es war doch immer dasselbe. Zum tausendsten Mal fragte sie sich, woher sie die Gutmütigkeit nahm, mit diesem schwulen Tolpatsch zusammenzuwohnen. Es verging keine Woche, in der nicht mindestens einmal die Badewanne überlief und der Wasserkessel durchglühte.

Der Junge aus Darmstadt war wie alle westdeutschen Provinzler vom Leben in Berlin notorisch überfordert. Wäre er in seinem hessischen Dorf geblieben, wäre ihm und Anja sicher vieles erspart geblieben. Aber nein, Berlin, Berlin mußte es sein. Vor nunmehr zwei Jahren hatte er blauäugig, mit blonder Fönwelle und übertrieben tuntig vor Anjas Wohnungstür gestanden und gefragt, ob das in der Zitty angebotene Zimmer noch zu haben sei. Anja hatte schwesterliches Mitleid mit dem höchstens zwanzigjährigen Kerlchen aus dem Hessenland empfunden, das sich so redlich Mühe gab, wie ein echter Schwuler auszusehen. So war Ulf in Anjas Wohnung eingezogen.

Anja war nicht zimperlich, was Wohnen anbelangte, sie hatte schon in abgefuckteren Neuköllnwohnungen zufrieden gelebt. Aber gewisse Minimalforderungen an die Lebensqualität ihres Haushalts stellte sie doch. Kaum noch zu identifizierende, in schwarzer Kruste am Topfboden klebende Dosenravioli verletzten diese

Minimalforderungen eindeutig. Wenigstens war es diesmal kein Dildo, den Ulf zum Anwärmen in den Backofen gelegt und dann vergessen hatte.

Anja beförderte den glühenden Kochtopf zur Abkühlung in die volle Badewanne, die ebenfalls mit Ulf eingezogen war und aus Platzgründen neben dem Herd stand. Ulf behauptete, ohne sie nicht leben zu können. Da im eigentlichen Bad – der umgebauten Speisekammer – beim besten Willen keine Wanne mehr unterzubringen gewesen war, hatte Ulf dieses monströse Stück mit Löwenfüßen in der Küche installiert. Seitdem Anja von ihm die schriftliche Garantie erhalten hatte, daß er die Wanne jenseits der jede Woche neu festzulegenden Zeiten weder allein noch zu mehreren nutzen werde, tolerierte sie seinen Badetick.

Lobend mußte sie anerkennen, daß er heute wenigstens das Wasser vor dem Überlaufen abgestellt hatte. Vielleicht war ja doch noch nicht alles verloren. »Ulf! Komm mal her!« Anjas Bariton erfüllte die Wohnung.

Aufgelöst und mit tränenüberströmtem Gesicht erschien der Pechvogel in der Küchentür. In seinem Schmerz hatte Ulf vergessen, das Telefon abzulegen, der Hörer baumelte ihm traurig um den Hals, der linke Arm hielt schwach den Apparat. »Anja, isch bring misch um.«

»Ich weiß nicht, ob verbrannte Ravioli dafür das geeignete Mittel sind. In jedem Fall gibt es Mitwohnifreundlichere. Außerdem heißt es ›ich‹ und ›mich‹. Wir leben hier in einer Stadt, in der Hochdeutsch gesprochen wird, wenn du wieder deinen Urwalddialekt reden willst, dann geh bitte dahin, wo er herkommt.«

In Phasen psychischer Zerrüttung fiel Ulf in seine Heimatmelodie zurück, deren strikte Abgewöhnung

Anja zu einer Einzugsbedingung gemacht hatte. Ulf schluchzte laut auf. »Ach Anja, du bist herzlos!«

Wenn es etwas gab, was Anja auf den Tod nicht ausstehen konnte, waren es heulende Homos. »Na komm, Junge, reiß dich zusammen. Ich koch' dir 'n paar neue Ravioli, und dann sieht die Welt schon nicht mehr so finster aus. Außerdem könntest du das Telefon runterstellen.«

»Isch will awwer kaane Raviolis.« Ulf schniefte. Anja warf ihm einen strengen Blick zu. »Wie heißt es?«

»Ich will aber keine Raviolis«, mümmelte er kleinlaut.

»Na bitte, geht doch.« Anja verschwand unter der Spüle, um eine neue Dose zu holen, während Ulf geräuschvoll das Wasser in der Nase hochzog. »Gregor hat mich verlassen.«

Anja seufzte. Der distinguierte, graumelierte Gregor war Ulfs erster Kunde gewesen, und mit der ihm eigenen Unprofessionalität hatte sich Ulf natürlich sofort in ihn verliebt. Anja wußte wirklich nicht, wie dieser Knabe jemals allein in seinem Leben klarkommen sollte. Ulfs diverse Berufsversuche waren regelmäßig gescheitert, seine letzte bürgerliche Profession als Klempner endete damit, daß er in einem vornehmen Dahlemer Haushalt ein Abwasserrohr anzuschließen vergaß. Anja hatte ihrem verzweifelten Mitbewohner den im Prinzip guten Rat gegeben, wenn alles andere nicht klappte, dann eben seinen wohlgeratenen Arsch zu versilbern. Sie hatte für ihn das Inserat »Wilder Mann, ich mache dich zum Hengst oder zur Stute!« aufgegeben, das auch sofort regen Zuspruch fand. Gregor hatte Ulf das letzte halbe Jahr über ausgehalten, und mit der richtigen Einstellung Ulfs hätte dieses Arbeitsverhältnis sicher noch einige Zeit andauern können. Natürlich war es vollkommen schwachsinnig gewesen, von seinem verheirateten Brötchengeber zu verlangen, für ihn die Familie zu verlassen. Ulf war also wieder einmal arbeitslos.

»Und von was willst du jetzt leben, wenn ich fragen darf?«

»Anja, ich kann das nicht. Gregor hab' ich geliebt. Ich kann nicht mit Männern ins Bett gehen, die ich nicht liebe.«

Die Ravioli begannen zu köcheln. Wenn ihre Praxis endgültig pleite war, würde Anja einen Puff aufmachen. Aber nicht mit Tunten. »Bei deiner Veranlagung sollte es ja nicht allzu schwer sein, wieder jemanden zu finden, in den du dich verliebst. Du gehst morgen abend in ›Andreas' Kneipe‹, und da suchst du dir einen neuen Finanzier. Und erzähl dem bitte nicht wieder, du wolltest mit ihm auf ewig in eine norwegische Blockhütte ziehen. Essen is' fertig.«

Anja verteilte die Ravioli auf zwei einigermaßen saubere Teller, und trotz seines Kummers begann Ulf sofort zu kauen. »Schmeckt echt super.«

Anja mußte zugeben, daß der Junge bisweilen beinahe rührend sein konnte. »Die Küchenchefin dankt.« Energisch sezierte sie eine Teigtasche. Beim Raviolissen hatte sie eine Art duales System entwickelt, Nudelteig und -füllung auf einmal zu schlucken war Sakrileg. Die Tafel versank wieder in Schweigen.

»Und was is' heute so passiert bei dir?« Ulf gab sich sichtlich Mühe zur Konversation.

»Morgens 'ne zerstückelte Leiche, mittags Stau auf der Autobahn, nachmittags die Kündigung meiner letzten Kundin.«

»Anja, mach keine Scherze.«

»Is' kein Scherz«, nuschelte Anja zwischen zwei Raviolifüllungen. Ulf erbleichte. »Awwer, des is ja ganz forschbar – äh, furchtbar.«

»Was? Der Stau?«

»Das mit der Leiche. Um Gottes willen, Anja – du hast doch niemand überfahren?«

Anja warf einen vernichtenden Blick über den Tisch. »Wenn Hektor jemanden überfährt, ist der vermutlich platt, aber sicher nicht zerstückelt. Fahr ich 'nen römischen Kampfwagen mit Sichelrädern oder was?«

»Anja, spann mich nicht so auf die Folter.« Ulf zappelte unruhig auf seinem Stuhl. Wie alle Schwulen packte ihn die Gier nach menschlichen Tragödien. Anja zerlegte die nächste Ravioli. »Auf'm Kudamm haben 'n paar militante Anhänger der Bewegung ›Saubere Stadt‹ 'ne Schwuchtel zerfleischt.«

Ulf zog eine Schnute. »Ach, du willst mich nur wieder ärgern! Heutzutage macht man über so was keine Witze.«

»Okay, okay. Ich war im Philosophischen Institut. Dort haben sie einen Prof umgebracht.«

»Und ...« Ulf beugte sich über den Tisch. Seine Neugier war noch nicht befriedigt.

»War so 'n durchgeknallter Nietzsche-Guru, Rudolf Schreiner. Er oder sie hat ihn zerhackt und auf die Institutspostfächer verteilt.«

Ravioli füllungen waren schon etwas Merkwürdiges.

»Ein Ridu-, Ritualmord?« Vor Spannung vergaß Ulf sogar weiterzuessen.

»Keine Ahnung.« Ulf begann, Anja zu nerven. Sie sollte ihm die *BZ*-Lektüre in Zukunft besser verbieten. »Satan muß ziemlich auf den Hund gekommen sein, wenn er Schreiner haben will. War eher einer von den Institutspsychopathen.«

Ulf legte seine Stirn in Denkerfalten, ein Anblick, der Anja ein kleines Lächeln abnötigte. »Versuchst du gerade, dich in die Psyche eines Philosophenmörders einzufühlen?«

Ulf runzelte weiter die Stirn. »Wie war der Name nochmal? Irgendwie sagt der mir was.«

»Schreiner, Rudolf Schreiner. Jetzt erzähl mir bloß nicht, er wär' Bardame in 'nem Homoschuppen.«

Ulf quiekte laut auf. »Das isses. Ich werd' wahnsinnig. Rudi! Der weiche Rudi!«

Ausnahmsweise war es nun einmal an Anja, Ulfs Gedankengängen nicht folgen zu können. Ulf blühte unter Anjas Verwirrung sichtlich auf. »Na klar, so 'n fetter Mittfünfziger, schon ziemliche Platte, trug aber immer 'n rotes Toupet und Lederklamotten. So'n Metzgerstyp mit 'nem Zuhälterring. Erzählte immer total abgedrehtes Zeug, er wär' der Superman und so.«

Anja ließ den Löffel sinken. »Schreiner – weicher Rudi – Kellner in 'nem Homoladen? Ich glaub' –«

»Nich' Kellner, aber Stammgast in ›Andreas' Kneipe‹. Spendierte immer mal 'ne Runde.« Es sprudelte aus Ulf nur so hervor. »Und den habense ermordet? Mann o Mann, is' das 'ne Story!« Ulf tanzte um den Tisch.

Anja schob ihren Teller weg. So unzurechnungsfähig Ulf sonst auch war, abgesehen von der Lederkluft hatte er eine treffende Beschreibung Schreiners gegeben. Die Vorstellung, wie der massige Professor in einem Darkroom schwitzte, brachte die Ravioli in Anjas Magen in Aufruhr.

Ulf hing inzwischen wieder am Telefon. In einer halben Stunde würde die ganze Berliner Schwulenszene über das traurige Ende des weichen Rudi informiert sein.

Eigennamen

Hugo Lévi-Brune litt. Er stammte aus einer jüdischen Intellektuellenfamilie, die Nazideutschland – ob seiner »immer noch hoffnungsvollsten geistigen Kapazitäten« – schon Mitte der vierziger Jahre wieder aufgesucht und als Zeichen der Versöhnung ihren jüngsten Sproß der geschlagenen Nation entgegengestreckt hatte – indem sie ihn auf den Namen Hugo taufte. Hugo unterteilte die Menschheit fortan in zwei Gruppen: diejenige, die den teutonischen Charme des Namens in aller Deutlichkeit akzentuierte, und diejenige, die seinen ihm verhaßten Namen wenigstens zum französisch prononcierten »Ügo« abmilderte, wenngleich er einen französischen Namen eigentlich genauso abstoßend fand. Alle verzweifelten Versuche, den »Hugo« gegen einen anständigen angelsächsischen Namen austauschen zu dürfen, waren an deutschen Behörden beharrlich gescheitert.

Aus Trotz gegen seinen heideggerhörigen Vater, der ihn auf dem Altar deutscher Namensgebung geopfert hatte, hatte sich Hugo früh der formalen Logik hingegeben.

Hugo Lévi-Brune war somit Leid gewöhnt, heute nacht litt er jedoch noch mehr als sonst. Neben ihm lag eine Frau, von der er nicht nur nicht genau wußte, wieso sie dort lag, sondern die er seit heute morgen auch noch im Verdacht haben mußte, in erschreckendem Maße kaltblütig, wenn nicht gar gewalttätig zu sein. Er selbst hätte allen Grund, Schreiners Tod nicht zu beklagen, aber jetzt, wo dieser tot war, wollte er ihn nicht mehr hassen. Das Verhalten, das Petra Uhse heute im Institut gezeigt hatte, fand Hugo dagegen empörend.

Aber im Kopierraum war es schon immer zu den unerfreulichsten Szenen zwischen Petra und Schreiner gekommen. Gerade letzte Woche waren die beiden dort wieder einmal ganz entsetzlich aneinandergeraten. Schreiner hatte wohl zu Petra gesagt, sie solle nicht so lange den Kopierer blockieren, die Kopien, die sie da machte, seien ja sowieso Papierverschwendung. Petra mußte daraufhin jede Seite aus ihren Readern zur Geschlechterdifferenz mehrmals kopiert haben, bis das Gerät seinen Geist aufgab, was Schreiner neuerlich Anlaß zu frauenfeindlichen Ausfällen gab. Letztlich war Petra mit hochrotem Kopf zu Hugo ins Zimmer gestürmt und hatte geschrien, sie würde dieses Schwein kastrieren.

Es verschaffte Hugo ein wenig Erleichterung, daß der Anschlag auf Schreiner zu aufwendig wirkte, wenn es lediglich darum gegangen wäre, eine Entmannung zu tarnen. Dennoch wurde er das ungute Gefühl nicht los, daß Petra etwas mit der Sache zu tun hatte.

Petra Uhse dachte nach. Sie dachte über sich nach, und sie dachte über sich als Frau nach. Sie dachte über Hugo nach, dann dachte sie über Hugo als Mann nach. Schließlich dachte sie über sich und Hugo als Frau und Mann nach.

Ihr Nachname hatte Petra schon früh zu verwirrenden, dialektischen Gedankenfiguren getrieben: ein männlicher Gewaltakt war es gewesen, der ihr das »Uhse« angehängt hatte; ein zweiter männlicher Gewaltakt könnte sie wieder vom »Uhse« befreien. Ihr Vater Volker Uhse war der erste Gewalttäter gewesen, indem er ihre Mutter Johanna, geborene Peters, nicht nur geschwängert, sondern dann auch noch Frau und Tochter seinen Namen aufgezwungen hatte. Wenn Petra jetzt zum Beispiel Hugo heiratete und sein »Lévi-Brune« annähme, wäre dies ein zweiter männlicher Gewaltakt und: die Erlösung vom ersten. Um diesen gleichermaßen faszinierenden wie gefährlichen Gedanken zu bannen, hatte Petra Uhse Philosophie studiert. Hegel war bis zum heutigen Tage ihre größte philosophische Herausforderung geblieben.

Hugo wälzte sich unruhig von der einen Seite auf die andere. Petras rechte Hand begann, verdächtig näherzurutschen – wenn er in absehbarer Zeit ein Gespräch mit ihr führen wollte, mußte er sofort damit anfangen. Hugo räusperte sich. »Ähm, was hältst du eigentlich von der Geschichte mit Schreiner?«

Die Hand ließ sich auf ihrem Weg nicht beirren. »Hugo, laß uns doch jetzt nicht von so nebensächlichen Dingen sprechen.«

»Ich will aber mit dir darüber reden, jetzt!« Hugo mußte all seine Manneskraft aufbieten, um nicht schwach zu werden. »Es ist wichtig, Petra!«

»Wieso, hast du vielleicht Schreiner umgebracht? Nicht, daß ich dir das übelnehmen würde.«

Hugo sank innerlich zusammen. »Nein, Petra, wie kannst du so etwas denken? Aber ich mache mir Sorgen.«

»Im Grunde finde ich es ziemlich unsubtil von dir, in so einer Situation wie dieser mit langweiligen Institutsgeschichten anzufangen. Bist du überhaupt fähig, etwas für eine Frau zu empfinden? Hast du überhaupt eine Ahnung davon, was es bedeutet, wenn sich eine Frau einem Mann hingibt?«

Hugo hatte natürlich keine Ahnung, was es bedeutete, wenn eine Frau sich einem Mann hingab. Er wußte im Augenblick nur, was es bedeutete, wenn ein Mann sich in den Fängen einer potentiellen Mörderin befand.

GESETZESKRAFT

Die Fensterscheiben waren bis zur Undurchsichtigkeit verschmutzt. Zur Rechtfertigung erklärte Anja, daß dies die Jalousien ersparte. Die wenigen Sonnenstrahlen, die doch einen Weg durch das Glas gefunden hatten, zielten durch den im Zimmer tanzenden Staub auf Anjas Nase. Vergeblich. Anja schlief, und ihr Schlaf war außer Hektor das einzige, worauf sie sich in dieser morschen Welt verlassen konnte.

Das Telefon – graues Post-Standardmodell von neunzehnhundertfünfundsiebzig – röhrte heiser, bis es vom Anrufbeantworter erlöst wurde. »Hier ist der Anrufbeantworter von Anja Abakowitz und Ulf Laumers. Wer uns was zu sagen hat, soll das tun.«

Nach dem langgezogenen Fiepton herrschte einen Moment Stille.

»Ich bin's, Rebecca. Anja, wenn du da bist, geh bitte ran. Es ist dringend.«

Der Kissenberg geriet langsam in Bewegung. Mit leisem Stöhnen befreite Anja ihren rechten Arm aus dem Federzeug und ließ ihn neben der Matratze auf den Boden fallen, wo er den vollen Aschenbecher traf.

»Anja, bitte, es ist dringend.« Rebeccas extrem nervöse, aber dennoch unverkennbare Stimme aus Richtung Anrufbeantworter beschleunigte Anjas Wiederbelebungsprozeß. Sie zog ihre Hand aus dem Aschenbecher und tastete mit geschlossenen Augen nach dem Telefon. »Sag mal, wird das jetzt 'ne Dauereinrichtung, daß du meinen Weckdienst spielst? Nur weil du 'ne Frühaufsteherin –«

»Anja, ich bin verhaftet.«

Vor Überraschung öffnete Anja die Augen. »Wie bitte?«

»Die Herren von der Kriminalpolizei hier meinen, ich hätte Schreiner umgebracht.«

»Du – Schreiner?«

»Ich weiß auch nicht, was das soll, aber irgend jemand will gesehen haben, daß ich in der Mordnacht im Institut gewesen bin. Der Unsinn wird sich sicher bald aufklären. Kannst du dich bis dahin um Vico kümmern?«

»Meinst du nicht, ich sollte mich lieber erst mal um dich kümmern? Wo wollen dich die Idioten denn hinbringen?«

»Was weiß ich, Anja, aber es ist wirklich nicht nötig, ich komme allein zurecht. Falls du bis heute nachmittag nichts mehr von mir hörst, dann schau doch bitte mal nach Vico. Die Haferflocken für seinen Brei stehen neben dem Herd, die Milch ist im Kühlschrank, den Haustürschlüssel lasse ich bei Krauses nebenan.«

Anja stöhnte innerlich auf. Sie haßte Hunde. »Na schön, wie du willst, solltest du meine Hilfe doch noch brauchen – du weißt ja, wo du mich finden kannst.«

»Danke, Anja, ich muß jetzt Schluß machen. Bis bald.«

Das Gespräch war beendet. Nachdenklich legte auch Anja den Hörer auf. Sie wollte nicht so recht daran glauben, daß sich die Angelegenheit von selbst in Wohlgefallen auflösen würde.

In der Küche stand noch das Geschirr vom Vorabend herum, aber Anja fehlte im Augenblick der Nerv, sich darüber aufzuregen. Sie war froh, daß Ulf nicht wie gewöhnlich um diese Zeit in der Küche rumlungerte. Vielleicht tat er ja ausnahmsweise mal was Sinnvolles und war auf dem Arbeitsamt.

Anja schlug sich auf dem Tisch eine Bresche durch die dreckigen Teller und Töpfe, setzte Kaffeewasser auf und suchte die notwendigen Utensilien zur Herstellung eines Nutellabrotes zusammen. Essen konnte Anja eigentlich immer, und sie dankte ihrem Schöpfer dafür, daß er sie es ließ, ohne dick zu werden. Da sie mit ihrer Frauenüberlänge und den breiten Schultern ohnehin eher maskulin gebaut war, brauchte sie sich keine Gedanken um Wespentaille und zierliche Waden zu machen.

Rebecca war also verhaftet. Während Anja die letzten Reste aus dem Nutella-Glas zusammenkratzte, fragte sie sich, ob ihre alte Freundin nicht vielleicht doch eine geheime Medea war. Ihre Vorstellungskraft scheiterte jedoch an einer Szene, in der die ätherische Professorin mit martialischem Sägewerkzeug den nackten Kollegen zerteilt. Andererseits: was wußte sie wirklich von Rebecca? Sie kannten sich seit fast fünfzehn Jahren, hatten sich auf den ersten Blick in dem Meer des philosophischen Wahns als die einzigen Normalen erkannt und zuletzt sogar zu einer gewissen freundschaftlichen Zuverlässigkeit gefunden. Aber von Anfang an hatte zwischen ihnen ein stummer Nichtangriffspakt bestanden, die Gewißheit, sich gegenseitig nicht anzutasten.

Anja überlegte, was am besten zu tun sei. Selbstverständlich würde sie etwas unternehmen. Wenn sie sich auch, was philosophische Beharrlichkeit anbelangte, nicht mit Rebecca messen konnte, so stand sie ihr wenigstens an sonstiger Sturheit um nichts nach. Außerdem war Anja sicher, daß mit jeder Stunde, die Rebecca länger mit den Bullen zusammen war, die Hoffnung auf eine unproblematische Abwicklung der Geschichte geringer würde. Denn die selbstbewußte, spitzzüngige Rebecca war auch ohne Mordverdacht der Typus Frau, den der polizistische Typus Mann schon immer hinter Gittern sehen wollte.

Wenn es jemanden gab, der in dieser Angelegenheit wirksam einschreiten konnte, so war es Manfred Stammheimer, Richter am Landgericht Berlin und Ehegatte einer ehemaligen Kundin. Stammheimer war Anja dankbar verbunden, denn sie hatte seine zermürbende, langjährige Ehekrise beendet, indem sie die ehemals in der Kreuzberger Autonomenszene beheimatete Angela Stammheimer mit dem Prinzip der Rechtsstaatlichkeit ausgesöhnt hatte.

Anja klemmte sich die Nutella-Schrippe zwischen die Zähne, krallte sich die Kaffeetasse und schritt zum Telefon. Sie hatte Glück, Stammheimers Sekretärin war ungewohnt milde gestimmt und stellte Anja ohne größere Komplikationen durch.

»Frau Abakowitz, das ist aber eine angenehme Überraschung! Was kann ich für Sie tun?«

Anja liebte es, wenn Männer funktionierten. »Meine ehemalige Philosophieprofessorin, Rebecca Lux, hat Ärger mit der Polizei. Vielleicht haben Sie davon gehört, gestern wurde am Philosophischen Institut ein Professor ermordet, und irgend jemand scheint Frau Lux als Mörderin denunziert zu haben.«

»Wissen Sie mehr über die Verhaftung?«

»Nein, aber ich lege beide Hände dafür ins Feuer, daß Frau Lux mit der Sache nichts zu tun hat. Denken Sie, daß Sie eine Aussetzung der Untersuchungshaft erreichen können oder besser noch: den ganzen Unfug gleich beenden?«

»Ich fürchte, Sie überschätzen meine Kompetenzen, Frau Abakowitz, aber ich werde sehen, was sich machen läßt. Eine Haftaussetzung ist sicherlich im Rahmen des Möglichen. Kennen Sie jemanden, der bereit wäre, eine angemessene Sicherheitsleistung für Frau Lux zu stellen?«

Anja schätzte Stammheimers direkte, schnörkellose Art. »Erledigen Sie die behördliche Seite, ich werde mich um die Finanzfrage kümmern.«

»Gut, Frau Abakowitz, es wäre mir ein großes Vergnügen, wenn ich Ihnen in dieser Sache behilflich sein könnte. Sobald ich etwas weiß, lasse ich von mir hören.«

Diskursethik

»Frau Professor Lux, so kommen wir hier nicht weiter!«

Kriminalhauptkommissar Glombitza standen die Schweißperlen auf der Stirn. Es gab Augenblicke, in denen wünschte er, alles wäre wieder wie vor neunundachtzig, und er dürfte wieder so arbeiten, wie er es als Leutnant im Dienste der Volkspolizei gewohnt gewesen war. Und überhaupt: der Goldbroiler in seiner alten Kantine war bestimmt nicht schlechter gewesen als das »Huhn provençalisch« heute mittag, und der Gummibaum in seinem alten Zimmer war womöglich noch etwas grüner und glänzender gewesen als dieser hier. Den Dienst-Opel, der ihm vor fast zwei Jahren versprochen worden war, hatte er immer noch nicht erhalten.

»Also, fangen wir nochmal von vorne an. Sie behaupten, in der fraglichen Nacht zu Hause am Schreibtisch gesessen zu haben. Gibt es dafür Zeugen?«

Rebecca war der letzte Geduldsfaden schon lange gerissen. »Am Schreibtisch: ja. Zeugen: nein. Ich arbeite für gewöhnlich alleine. Wenn ich mich recht erinnere, habe ich Ihnen das aber bereits fünfmal erklärt.«

Heinz Glombitza spürte, wie er zu allem Überfluß auch noch Sodbrennen bekam. Seit seinen Ausbildungstagen hatte er dieses Leiden nicht mehr gehabt.

»Sie erwähnten da vorhin einen Anruf, den Sie gegen zwei Uhr erhalten haben. Der Anrufer wird doch bezeugen können, daß er Sie um diese Zeit unter Ihrer Nummer, also zu Hause erreicht hat. Wer war der Anrufer?«

»Wer nachts mit mir telefoniert, geht Sie gar nichts an.«

»Begreifen Sie denn nicht, daß dieser Anrufer im Augenblick der einzige ist, der Sie entlasten kann?« Die Hand des Kriminalhauptkommissars klatschte haarscharf neben dem goldgerahmten Familienbild auf den Schreibtisch.

»Entlasten? Wovon? Von einer Denunziation?« Rebecca Lux klopfte ungeduldig mit ihrem Stock auf den Linoleumfußboden. Heinz Glombitza und sie waren sich wohl nur in einem Punkt einig: daß dieses Verhör so schnell wie möglich enden sollte.

Der Kriminalhauptkommissar wischte sich mit einem karierten Taschentuch den Schweiß von der Stirn, während sein melancholischer Blick zu dem Gummibaum wanderte. Für den Moment hätte er gern mit ihm getauscht. Sein Beruf brachte ihn häufig ins Schwitzen, deshalb hatte er den Gebrauch der neumodischen Papiertaschentücher bald wieder aufgegeben, er hatte täglich mindestens zwei Packungen von ihnen einstecken müssen, was nicht nur die Hosen ausbeulte, sondern auch noch teuer war. Da war ein Stofftaschentuch doch eine solidere Sache.

»Meinen Sie, ich kann inzwischen eine Zigarette rauchen?«

Glombitza knurrte. »Ich habe Ihnen doch gesagt, daß in diesem Raum Rauchverbot besteht.«

»Hätte ja sein können, daß sich die Anordnungen mittlerweile geändert haben.« Rebecca zuckte mit ihrer linken Schulter und ließ die *Roth-Händle*-Packung wieder in ihrer Handtasche verschwinden. »Sagen Sie, passiert hier heute noch was, ansonsten habe ich nämlich zu arbeiten.«

»Ich glaube, Sie haben mich nicht richtig verstanden, Frau Professor. Sie stehen unter dringendem Mordverdacht – Mord, jawohl. Wenn Ihnen nicht bald etwas verdammt Gutes einfällt, können Sie Ihre Arbeit im Gefängnis fortsetzen.«

Das goldgerahmte Familienbild wurde zum zweiten Mal erschüttert.

»Entschuldigen Sie, ich bin nicht schwerhörig und habe auch nicht vor, es aufgrund Ihrer Unbeherrschtheit zu werden.« Rebecca rückte mit ihrem Stuhl etwa einen Meter weiter vom Schreibtisch weg. Auch Heinz Glombitza wurde es an dem klobigen Tisch ungemütlich, er stand auf und starrte in ein trübes Berliner Oktoberwetter. Womit hatte er es verdient, diese knochige und arrogante Person vernehmen zu müssen? Gleich am Montag, als er sie das erste Mal gesehen hatte, hatte er sich gesagt: Diese Frau ist verdächtig. Eigentlich war das ja gar keine Frau.

Rebecca dachte an Vico. Sie wußte zwar, sie konnte sich auf Anja verlassen – wenn diese versprach, sich um Vico zu kümmern, dann tat sie das auch. Aber Rebecca vermutete, daß ihr gebrechlicher Hund an der Schwelle zum Jenseits von Anjas dynamischer Lebendigkeit überfordert wurde. Sie selbst war bisweilen irritiert von den anstrengenden Kraftschüben dieser Frau.

Auch abgesehen von ihren Sorgen um Vico wollte Rebecca schleunigst wieder nach Hause und an ihren Schreibtisch. Aber anscheinend war es aussichtslos, diesem unappetitlich schwitzenden Herrn hier klarzumachen, daß sie von Aristoteles dringender gebraucht wurde als von irgendwelchen planlosen Berliner Kriminalbeamten. Sie fragte sich, ob es nur ihr so vorkam, daß sich das Gelb der Wände in der letzten Stunde intensiviert hatte, das Heizungsklopfen lauter, die Neonröhren heller geworden waren. »Könnten wir eventuell ein wenig lüften? Ich finde, es riecht unangenehm.«

Heinz Glombitza schreckte aus seinen Gedanken. Er hatte gerade vom Feierabend geträumt, vom Abendessen mit seiner Frau und seinen beiden Töchtern. »Was sagen Sie?«

»Ich sagte: Es riecht. Ob wir vielleicht kurz lüften könnten?«

Der Kriminalhauptkommissar knirschte stumm mit den Zähnen und öffnete ein Fenster. »Ist Ihnen in Ihrer Angelegenheit etwas Neues eingefallen, das Sie mir mitteilen wollen?«

»Ich kann gern noch zehnmal wiederholen, was ich bereits gesagt habe. Aber vielleicht verraten Sie mir ja statt dessen, von wem Sie den schwachsinnigen Tip bekommen haben, sich an mich zu wenden?«

Heinz Glombitza warf einen schmerzvollen Blick auf das Familienfoto. Er fühlte sich müde, gleichzeitig wuchs in ihm der Haß auf diese überlegentuende Person vor ihm. »Für wen halten Sie sich eigentlich? Wenn Sie glauben, daß Sie sich hier alles erlauben können, nur weil Sie einen Doktortitel haben, so irren Sie sich gewaltig. Ich weiß, daß in Ihren Augen unsereiner doch nur der letzte Trottel ist, aber ich warne Sie! Ich werde Sie von Ihrem hohen Roß schon noch runterholen!«

Rebecca zuckte überrascht zusammen. So viel Temperament hätte sie diesem Menschen gar nicht zugetraut, aber vermutlich hatte Anja recht: Das wahre Gesicht eines Mannes enthüllte sich erst in Situationen gesteigerter Hilflosigkeit. »Ich dachte, das wäre ein fairer Vorschlag. Sie erzählen mir etwas, dann erzähle ich Ihnen etwas.«

»Sie haben mir keine Vorschläge zu machen, Frau Professor!« Die Stimme des Kriminalhauptkommissars bebte. »Ich lasse Sie in Gewahrsam nehmen, und dort werden Sie so lange bleiben, bis Sie sich überlegt haben, ob es immer noch unter Ihrem Niveau ist, mit mir zu reden.«

Das Kapital

Hektor gehörte nicht nur – wie es der Katalog versprochen hatte – zur seltenen Spezies »intelligenzbegabtes Auto«, er war mehr als das – er war ein Gentleman, ein Freund. Anjas anfängliche Skrupel, Hektors Konto für Rebeccas Kaution anzugreifen, verflogen rasch, da sie sich Hektors Zustimmung gewiß fühlen durfte, auch ohne ihn gefragt zu haben.

Wie erwartet hatte Stammheimer am frühen Nachmittag eine Haftaussetzung ab Eingang der Kaution erwirkt. Nach einem Besuch bei der Bank, bei der Hektors Konto geführt wurde, hatte sich Anja mit fünfhundert ordentlich gebündelten Hundertmarkscheinen zunächst auf den Weg ins Landgericht gemacht, wo Stammheimer sie und das Geld erwartete. Gegen das Versprechen, am Freitag abend mit ihm ins »Bovril« essen zu gehen, hatte Anja alles weitere dem Richter überlassen – sie war froh, wenn sie mit deutschen Justizbehörden nichts zu tun haben mußte.

Nun, wo die finanzielle Seite der Angelegenheit erledigt war, befand sich Anja auf dem Weg zur Polizei, wo Rebecca inzwischen hoffentlich abholbereit war. Anja hatte sich längere Zeit über die offizielle Bezeichnung des Polizeireferats »Delikte am Menschen« amüsiert, sie fragte sich, ob die auch nur die leiseste Ahnung hatten, wofür sie – gemäß ihres anspruchsvollen Titels – in dieser Stadt alles zuständig wären. Im Grunde war ganz Berlin ein einziges Delikt am Menschen.

In der Keithstraße war naturgemäß kein Parkplatz zu finden. Da Anja sich heute nicht auch noch um solche Bagatellen wie illegales Parken kümmern konnte und sie ohnehin nicht vorhatte, sich länger hier aufzuhalten, stellte sie Hektor vor einer Einfahrt ab, die offensichtlich zum Kripogebäude gehörte. Hier war die Wahrscheinlichkeit, daß Hektor jemanden bei der Ausübung sinnvoller Tätigkeiten behinderte, wohl am geringsten. Einem möglichen Kampf zwischen Abschleppdienst und ihrem schwergewichtigen Freund sah Anja gelassen entgegen. »Bin gleich wieder zurück.« Anja gab Hektor einen liebevollen Klaps auf den linken Kotflügel und verschwand im Polizeigebäude.

»Wo geht's hier bitte zum Morddezernat, dritte Mordkommission?«

Der Pförtner wirkte unentschieden, ob er seine *BZ*-Lektüre fortführen und damit die Frage überhören oder ob er sich mit dem Bittsteller beschäftigen sollte.

»Sind Sie schwerhörig? Ich hab' Sie was gefragt.«

Nun schien es dem Pförtner doch angebracht, die Zeitungslektüre kurz zu unterbrechen. Er legte seinen Finger auf die Stelle des Artikels über den Rückgang der Berliner Eheschließungen, an der er gestört worden war, und blickte zu Anja auf. »Na so wat. Da hätt' ick doch glatt jewettet, daß dit eben 'n Mann jewesen ist, der ma anjesprochen hat. Na ja, nüscht für unjut. Wohin woll'n Se denn?«

»Morddezernat, dritte Mordkommission, Kriminalkommissar Glombitza.«

»Sind Se anjemeldet?«

Anja wurde ungeduldig. »Ich soll jemanden abholen, Glombitza weiß Bescheid.«

»Na denn jeh'n Se mal nach oben, junge Frau, vier Treppen, linker Gang, Zimmer vierhundertfünf. Fahrstuhl is' kaputt.«

Nachdem er Anja noch bis zum ersten Treppenabsatz nachgeschaut hatte, widmete sich der Pförtner wieder dem Rückgang der Berliner Eheschließungen. Anja stieg unterdessen leise fluchend weiter. Sie wollte einmal eine Berliner Behörde erleben, in der der Fahrstuhl nicht »vorübergehend außer Betrieb« war. Außerdem mußte bei der Renovierung dieses Gebäudes irgendein vom Senat erlassenes Förderprogramm für farbenblinde Anstreicher zum Einsatz gekommen sein, anders war die Farbgestaltung des Treppenhauses nicht zu erklären.

Rebecca saß auf dem Gang vor Zimmer vierhundertfünf, neurotisch qualmend und unauffällig beäugt von einem Polizeibeamten, dessen Funktion vermutlich in der Bewachung der Gefangenen bestand. Anjas alte Professorin sah zwar nicht gerade wohlgelaunt aus, aber offensichtlich war ihr der Besuch bei der Kriminalpolizei besser bekommen als erwartet.

Als Rebecca Anja sah, sprang sie auf. Für einen Moment vergaß sie ihre Rolle der gehbehinderten Denkerin. »Na endlich, ich dachte schon, ich müßte hier noch die Nacht verbringen.«

In Augenblicken wie diesem fand Anja ihre alte Freundin einfach hinreißend. »Darf ich dich erinnern, daß du vor nicht einmal zehn Stunden noch meintest, ich bräuchte mich gar nicht um dich zu kümmern?«

»Ich konnte ja nicht ahnen, daß es sich bei der Berliner Polizei um eine Ansammlung unterbeschäftigter Chaoten handelt, die ihre Zeit damit totschlagen, andere Leute zu schikanieren.«

Anja grinste schwach. »Is' schon gut, ich hätte auch nicht erwartet, daß du mir vor Dankbarkeit um den Hals fällst.«

Wenn man genau hinsah, konnte man sich einbilden, auf Rebeccas unberührt weißem Gesicht den Anflug eines Errötens zu erkennen.

»Müssen wir uns noch bei dem netten Kriminalkommissar verabschieden, oder können wir gleich gehen?«

»Ich denke, wir können gleich gehen.« Ein trockenes Lächeln stahl sich in Rebeccas Mundwinkel.

Gerade als sich der Wachbeamte in das Gespräch mischen wollte, kam der Pförtner in den Gang geschnauft und steuerte zielstrebig auf Anja zu. »Jehört Ihnen der Panzer inna Einfahrt? Steht im Weech.«

So blasiert wie möglich drehte sich Anja um. »Gehe ich recht in der Annahme, daß Sie von Hektor sprechen?«

»Wieso, wat für'n Hektor? Ick meine dieset Monstrum von Mercedes da draußen, amtlichet Kennzeichen B-AA zwotausend. Wenna Ihnen jehört, dann fahr'n Se'n man schleunichst wech.«

Während der Pförtner leise brummelnd den Rückweg antrat, wandten sich auch Anja und Rebecca zum Gehen.

Der Beamte mit Wachhundfunktion fühlte sich offensichtlich übergangen. »Halt! Diese Person hier steht unter Arrest.«

Anja schaute über die Schulter, ohne sich umzudrehen. »Nee. Diese Person hier ist seit heute nachmittag auf Kaution frei.«

Der Beamte überholte Anja und Rebecca und baute sich vor ihnen mit verschränkten Armen auf. »Nein,

Fräulein, mit solch billigen Tricks kommen Sie mir hier nicht weg.«

Anja stellte befriedigt fest, daß sie einen guten halben Kopf größer war als er. »Na billig war der Trick nicht gerade, Hektor ist jetzt immerhin fast pleite.«

Der Beamte blickte immer noch irritiert, als die Tür von Nummer vierhundertfünf aufflog, und im Rahmen Kriminalhauptkommissar Glombitza erschien. Anja fand, daß er irgendwie nicht gut aussah.

»Was, Sie sind ja immer noch da?«

Rebecca zuckte mit der linken Schulter. »Ihr Kollege hier meint, ich stehe noch unter Arrest.«

»Jawohl, Herr Hauptkommissar, ich habe soeben die Entweichung der Arrestantin verhindert.«

Glombitza machte einige Schritte auf den Beamten zu, der mit stolzgeblähter Brust auf Rebecca und Anja zeigte. »Schulze, lassen Sie die beiden sofort verschwinden.«

Schulzes strahlender Schnäuzer sackte ein wenig nach unten. »Aber Herr Hauptkommissar, ich hatte keinen Befehl, beide gleich in Gewahrsam zu bringen.«

»Sie sollen sie nicht in Gewahrsam bringen, sondern sie laufen lassen!«

Glombitza drehte sich zu den beiden Frauen um. Seine Augen wurden zu Schlitzen, von denen man nicht wußte, ob sie der Müdigkeit oder der Abscheu geschuldet waren. »Frau Professor, Sie irren sich, wenn Sie glauben, daß die Angelegenheit für Sie hiermit beendet ist! Ich werde alles tun, um Sie zu überführen.«

»Dann bleibt mir nur, Ihnen viel Erfolg zu wünschen.« Rebecca schulterte ihre Tasche und machte sich – leicht hinkend – zusammen mit Anja auf den Weg in die Freiheit.

Im Erdgeschoß hatte der Pförtner seine Loge verlassen, stand in der Eingangstür und starrte Hektor an, der zwei Wannen höflich aber bestimmt die Ausfahrt verweigerte. Als Anja und Rebecca die Tür erreichten, trat der Pförtner einen Schritt zurück. »Saach'n Se, et jeht ma ja nüscht an, aber is dit wirklich Ihr Auto?«

Anja grinste. »Was dagegen?«

»Nee, wie käm' ick denn dazu, aber det is so'n feiner Waach'n, ja un Sie, na ja –«

»Sie meinen, ich bin nich' so fein?«

»So wollt' ick dit jetz och nich' jemeint ham.«

Der Pförtner kratzte sich einmal am Kopf, dann schlurfte er wieder in seine Klause.

Anja betätigte Hektors infrarot-ferngesteuerte Zentralverriegelung, hielt Rebecca die Beifahrertür auf und verschwand selbst auf der Fahrerseite. In alter Zuverlässigkeit sprang Hektor sofort an, und Anja gab Gas, denn aus einem der blockierten Einsatzwagen war soeben ein Beamter gesprungen. Sie ging davon aus, daß am heutigen Tage auch Rebecca auf weitere Diskussionen mit den Bullen keinen großen Wert mehr legte.

Schweigend bogen sie in die »Urania«.

»Hast du nach Vico gesehen?«

Die Ampel sprang auf Rot, und Anja trat in die Bremsen. »Entschuldige bitte, aber ich glaube, ich muß dich noch einmal daran erinnern, daß ich den ganzen Tag damit beschäftigt war, eine gewisse Frau Professor Rebecca Lux aus den Fängen der hiesigen Kriminalpolizei zu befreien. Ich hoffe, der Hund besagter Dame wird angesichts der Umstände verzeihen, daß es heute versäumt wurde, ihm seinen Haferbrei zu den gewohnten Zeiten zu verabreichen.«

»Ich mache mir doch nur Sorgen um Vico. Der Arme, es geht ihm seit einiger Zeit nicht gut.«

Die Ampel wurde grün, und Anja startete unsanft. Vor Überraschung machte Hektor einen kleinen Sprung, er war es nicht gewohnt, daß Anja ihren Unmut an ihm ausließ. Eine Weile fuhren sie schweigend durch die frühe Nacht. Während Anja stur auf die Fahrbahn starrte und sich sagte, daß man intelligible Wesen vielleicht doch besser in der Welt der Vorstellung beließ, spielte Rebecca an dem Silberknauf ihres Stockes herum. Die Fingerknöchel traten unter der ohnehin fast transparenten Haut noch weißer hervor.

»Anja, du weißt, daß es nicht so gemeint war. Selbstverständlich bin ich dir dankbar für das, was du getan hast.«

Mit kurzem Blick in Rück- und Seitenspiegel setzte Anja zu einem etwas rücksichtslosen Überholmanöver an. »Ja, ja, schon gut.« Der BMW hinter ihr blendete auf.

Anja bog auf die Stadtautobahn, es war der schnellste Weg, um Rebeccas Domizil zu erreichen. Herbstregen trommelte leise auf Hektors Dach. Nach ungefähr fünfzehn Minuten anwachsenden Schweigens zeigten die beleuchteten blauen Schilder die Ausfahrt Wannsee an.

Sie erreichten Rebeccas kleine klassizistische Villa in der Zum-Löwen-Straße, und Anja stellte den Motor ab. »Willst du mir nicht vielleicht doch noch erzählen, was los ist? Es ist doch kein Zufall, daß du mich gestern ins Institut bestellt hast und heute verhaftet wirst. Nicht, daß ich glaube, du hättest Schreiner umgebracht, aber du wirst sicher zugeben, daß die Sache etwas merkwürdig aussieht.«

Rebecca blickte stumm durch die Windschutzscheibe. »Ich habe mit Schreiners Tod nichts zu tun. Ich habe auch keine Ahnung, wer mich bei der Polizei denunziert haben könnte. – Es gibt da eine sonderbare Geschichte, aber darüber will ich jetzt nicht reden. Ich rufe dich morgen an.«

Anja verzichtete darauf, weiter zu bohren. Rebecca gehörte nicht zu der Sorte Frau, die Andeutungen als Reizwäsche verwendete. Wenn sie etwas verschwieg, war das keine Aufforderung, ihr das Verschwiegene langsam zu entlocken.

Für den Bruchteil eines Augenblicks glaubte Anja, Rebeccas Kopf an ihrer Schulter gespürt zu haben. Aus ihren Augenwinkeln konnte sie jedoch erkennen, daß Rebecca unbewegt auf ihrem Sitz saß. Sie mußte sich getäuscht haben, und es war nur ein Windhauch aus der Lüftungsanlage gewesen.

Hektors Standlicht spiegelte sich auf dem nassen Asphalt.

Die Rauheit der Stimme

Der Haferbrei auf dem Herd schlug Blasen, in der Küche roch es leicht nach angebrannter Milch. Vico lag in einer Ecke und starrte stumpf vor sich hin. Es war nicht auszumachen, ob er Rebecca schmollte, oder ob er lediglich seinen Herbstschmerz hatte. Der Regen prasselte nach wie vor gleichmäßig an die Scheiben. Rebecca füllte den fertigen Haferbrei in Vicos Suppenschüssel und stellte sie vor ihm auf den Boden. »Na komm, Vico, iß schon. Ich weiß, daß du mir böse bist, aber jetzt bin ich ja wieder da, und alles ist gut.« Rebecca holte einen großen Holzlöffel, ließ sich neben Vico auf dem kalten Küchenboden nieder und kraulte ihn mit der linken Hand hinter den Ohren, während sie ihn mit der rechten fütterte. Außer Vicos leisem Schmatzen und dem Ticken der Küchenuhr herrschte im ganzen Haus Totenstille. Es vergingen zwanzig Minuten, die benachbarte Kirchturmuhr schlug neun.

Gleich nach seiner Fütterung schlief Vico ein, Rebecca streichelte noch eine Weile seinen Kopf, dann stand sie mühsam auf, um das Geschirr von seinem Abendessen zu spülen. Sie selbst hatte keinen Hunger.

Nachdem Rebecca den Herd von angebrannten Breispritzern gereinigt und mit dem Lappen hier und dort vermeintlichen Dreck von den Kacheln weggewischt hatte, betrachtete sie noch eine Zeitlang den schlafenden Vico, dann verließ sie die Küche.

Im dunklen Arbeitszimmer leuchtete nur das rote

Lämpchen vom Anrufbeantworter – keine Anrufe. Rebecca tastete im Dunkeln nach dem Schreibtischstuhl und setzte sich auf das grüne, schon lange verblichene Samtpolster. Sie knipste die messingne Schreibtischlampe an. Auf dem Tisch lagen verschiedene Bände Aristoteles, noch so aufgeschlagen, wie sie letzten Sonntag liegengeblieben waren. Rebecca las den Satz, der ganz oben auf der Seite stand: »Jede Kunst und jede Lehre, ebenso jede Handlung und jeder Entschluß scheint irgendein Gut zu erstreben. Darum hat man mit Recht das Gute als dasjenige bezeichnet, wonach alles strebt.«

Rebecca erschrak vor ihrer eigenen Stimme, sie schob die Bücher von sich weg. Sie fühlte, daß sie auch heute abend nicht würde arbeiten können – ein Gefühl, das sie von sich nicht kannte und das sie beunruhigte. Die kleine, vergoldete Pendeluhr auf dem Schreibtisch tickte nervös.

Rebeccas Blick wanderte durch das Arbeitszimmer, an den bis unter die Decke ragenden, mit alten Büchern vollgestopften Regalen und an den teakholzgerahmten Kupferstichen mit Szenen aus der griechischen Mythologie entlang, am Sekretär aus Nußholz vorbei. An dem Foto über dem Schreibtisch blieb ihr Blick hängen.

Karl Friedrich Lux, der »letzte große Moralphilosoph Deutschlands« – wie sich Nachrufe und Grabredner zu versichern bemüht hatten –, war der einzige Mensch, der Rebecca auf ihrem Lebensweg stets begleitet hatte – bis vor zehn Jahren als lebende Person, dann aus seinen Büchern heraus und vom Foto herab. Klare Stirn, tiefgefurchte Wangen, verschwindende Lippen – ein strenges, ein steinernes Gesicht blickte Rebecca an. Und sie selbst? Sie betrachtete ihre Züge, die sich in der Glasplatte über dem Foto spiegelten. Die hohe Stirn, die markanten Furchen in seitlicher Verlängerung der energischen Nasenflügel, der schmale Mund: kein Zweifel, es war das Gesicht ihres Vaters als Frau.

»Darum hat man mit Recht das Gute als dasjenige bezeichnet, wonach alles strebt«. Mit einem harten Lachen schlug Rebecca das vergilbte, abgegriffene Buch in griechischer und deutscher Schrift zu. Für wenige Pendelschläge kam die kleine goldene Uhr aus dem Takt.

Der silberne Brieföffner, der am Griff in ein Relief der Göttin Athene auslief, war bei der Erschütterung vom Tisch gefallen. Rebecca hob ihn auf. Als Kind hatte sie oft neben dem Schreibtisch ihres Vaters gestanden, wenn er mit diesem schweren Briefmesser die Seiten alter Folianten aufgeschnitten hatte. Sie war immer stolz gewesen, wenn er sie dann »meine kleine Athena« genannt hatte. Mit sieben konnte sie große Teile der Ilias und Odyssee auswendig, war mit den griechischen Göttern vertraut wie andere Kinder mit Rotkäppchen und den sieben Geißlein. Es hatte für sie unverrückbar festgestanden: Sie wollte Athene sein, die mutterlose Göttin des Krieges und der Weisheit.

Vicos Schnarchen holte Rebecca aus ihren Erinnerungen zurück. Sie hätte jetzt gern eine Zigarette geraucht, aber aus Rücksicht auf Vico hatte sie sich das Rauchen im Haus abgewöhnt.

Rebecca fürchtete, daß es mit dem Armen bald zu Ende gehen würde. In letzter Zeit schlief er fast nur noch, zu seinen früher geliebten nächtlichen Seespaziergängen war er kaum noch zu bewegen. Außerdem hatten seine Sinneswahrnehmungen erheblich nachgelassen, er roch nichts mehr und hören tat er ebenfalls immer weniger.

Rebecca stand vom Schreibtisch auf und ging zu dem antiken Sekretär, um sich einen Whisky einzuschenken. Ihr Vater hätte es sicherlich verurteilt, daß in seinem Sekretär Alkoholisches aufbewahrt wurde. Er hatte nie getrunken.

Sie schraubte die Flasche auf und goß das Glas, das sie ebenfalls aus dem Sekretär geholt hatte, halb voll. Was sollte sie morgen Anja sagen? Die nüchterne, pragmatische Anja würde sie nicht verstehen. Und strenggenommen war es auch völlig irrational, daß sie sich Vorwürfe machte. Jetzt noch mehr als damals. Sie wußte ja nicht einmal, ob nicht einfach die Phantasie mit ihr durchging und sie hier zwei Ereignisse zusammenbrachte, die in Wirklichkeit nichts miteinander zu tun hatten.

Rebecca nahm das Whiskyglas in die Hand und begann, im langgestreckten Zimmer auf und ab zu gehen, an einigen Stellen knirschte das Parkett. Sie lauschte dem punktierten Rhythmus ihrer Schritte.

Schließlich lag die Geschichte bereits einige Zeit zurück, und außerdem war ein Philosophisches Institut eben keine Wohlfahrtseinrichtung. Sie glaubte nicht, daß sie sich besonders grausam verhalten hatte. Und dennoch: seit Montag nagte etwas hinter ihrer Stirn, das sich mit vernünftigen Gedanken nicht beruhigen ließ.

Rebecca nahm einen großen Schluck aus dem Glas und starrte in die regnerische Herbstnacht. Kleine Bäche liefen an den Scheiben hinab und verloren sich auf dem Fensterbrett.

Sie griff zu Telefon und Telefonbuch. Den Namen

hatte sie nicht vergessen. Sie mußte wissen, ob sie sich auf ihre Instinkte noch verlassen konnte oder ob auch sie schon dabei war, wahnsinnig zu werden.

Die Wählscheibe drehte sich unter ihrem Finger mit leichtem Quietschen. Nach einer Ewigkeit aus Freizeichen wurde der Hörer am anderen Ende der Leitung abgehoben.

»Ja?«

Rebecca klammerte sich fester an ihr leeres Glas. Sie erkannte die Stimme sofort wieder.

»Ja? Hallo!«

»Sie haben Schreiner umgebracht.«

Eine Zeitlang war nur das Surren und Knistern der Telefondrähte zu hören. Schließlich erklang ein trockenes »Gratuliere, Frau Professor!«

Rebecca ließ den Hörer fallen. Wie ein Gehenkter kreiselte er knapp über dem Fußboden. Rauhes Lachen erfüllte den Raum.

In den Netzen der Lebenswelt

Es war kurz nach zehn, als Anja aufwachte. Verschlafen blinzelte sie an die von Wasserflecken gezeichnete Zimmerdecke und fragte sich, was nicht stimmte. Das Telefon verriet es ihr. Sie war seit zwei Morgenden zum ersten Mal wieder nicht von ihm geweckt worden.

Anja drehte sich um, eigentlich gab es keinen Grund aufzustehen, sie mußte keine Leichen inspizieren, sich nicht mit der Polizei rumschlagen, und arbeiten mußte sie auch nicht. Das Zimmer war in einem Zustand, der die Lust auf unnötiges Aufstehen nicht unbedingt erhöhte. Sie fiel in ihre wirren Träume von schwarz gekleideten Gestalten zurück. Sie lief an einem ganzen Regiment schwarzer Rücken entlang. Immer weiter. Endlos.

Gegen zwölf Uhr wachte Anja das nächste Mal davon auf, daß das Telefon immer noch nicht geklingelt hatte. Irgendwie kam es ihr langsam sonderbar vor, daß Rebecca nichts von sich hören ließ. Vielleicht dachte sie nur, Anja würde noch schlafen, und wollte sie nicht schon wieder wecken.

Anja schälte sich aus den Decken und tappte in die Küche, wo lauwarmer Kaffee auf dem Herd stand. Ulf war anscheinend bereits auf. Gebadet hatte er offensichtlich auch schon, da der süßliche Geruch seines Schaumbades in der Küche hing.

Außer den trockenen Schrippen von gestern war

kein Brot aufzutreiben, dafür standen im Kühlschrank Reste von »Handkäs' mit Musik«. Angeekelt blickte Anja auf die schmierigen Käsescheiben, die in einer fettigen Tunke aus Essig, Öl und Zwiebelstückchen schwammen. Es war ihr unbegreiflich, wie irgendein Mensch auf der Welt dieses widerlich stinkende Zeug freiwillig essen konnte. Der Käse, der im Kern gelblich war und nach außen ins Madenhaft-Weiße überging, erinnerte sie an ihre letzte Hühneraugenbehandlung. Die aufgequollenen Hautschichten unter dem Essigpflaster hatten auf sie ähnlich appetitanregend gewirkt. Anja klappte die Kühlschranktür wieder zu, nachdem sie die Butter vorsichtig um den Teller mit dem abstoßenden Inhalt herum- und aus dem Kühlschrank herausmanövriert hatte. Sie sollte den Untermietvertrag mit Ulf noch um eine Klausel hinsichtlich des Kühlschrankinhaltes erweitern.

Mäßig begeistert begann Anja, auf einer trockenen Schrippe herumzukauen. Sie überlegte, was mit dem jungen Tag anzufangen sei.

Solange sie nicht mit Rebecca gesprochen hatte, sollte sie auf jeden Fall zu Hause bleiben. Die Küchenuhr sagte ihr, daß es inzwischen zwölf Uhr siebenundzwanzig war.

Anjas Blick fror an dem Telefon fest, das stumm neben dem Herd stand.

Sie könnte sich Ulf schnappen und gemeinsam mit ihm schon lange fälligen häuslichen Tätigkeiten nachgehen. Wenn sie sich richtig erinnerte, war die Wohnung ungefähr im Januar das letzte Mal gesaugt worden, die letzte Naßreinigung lag wohl schon über ein Jahr zurück. Wahrscheinlich war es aber intelligenter, einen – zumindest partiellen – Wohnungsputz alleine in Angriff zu nehmen. Erfahrungsgemäß störte Ulf bei solchen Dingen mehr, als er nützte.

Anja krönte den kunstvoll errichteten Geschirrberg in der Spüle mit ihrer Kaffeetasse und beschloß, erst einmal an die Umverteilung des Geschirrs in das Regal zu gehen. Sie zog einige Besteckteile aus dem Berg, die an statisch unbedeutenden Stellen hervorragten. Das schweigende Telefon in ihrem Rücken bereitete ihr wachsendes Unbehagen. Sie legte zwei Messer und einen Löffel wieder in die Spüle zurück. Wenn Rebecca es nicht tat, dann mußte eben sie sich melden.

Nach einigen Freizeichen ertönte am anderen Ende der Leitung der Anrufbeantworter. Etwas erstaunt hinterließ Anja die Nachricht, daß Rebecca sie doch anrufen solle, sobald sie wieder zurück sei.

Bei näherer Betrachtung des Geschirrberges konnte Anja eine gewisse Ähnlichkeit ihres Vorhabens mit Herkules' Säuberung des Augiasstalls nicht leugnen. Die unteren Schichten waren schätzungsweise über zwei Wochen alt, Tomatensauce und ähnliches würde sich nur noch mit Hammer und Meißel entfernen lassen. Den Topf mit den verbrannten Ravioli vom Montag warf sie lieber gleich in den Müll.

Anja stapelte das Geschirr auf dem wackligen Holztischchen neben der Spüle, ließ Wasser in das Becken laufen und spritzte reichlich Spülmittel dazu. Sie begann verbissen zu schrubben, und nach kurzer Zeit hatte sich das Wasser in eine braun-rötliche Brühe verwandelt. Der Berg auf dem Tischchen schien eher zu wachsen denn abzunehmen. Vielleicht sollte sie die »Neue Nationalgalerie« anrufen und sagen, sie könnten bei ihr die bislang unbekannte Beuys-Installation »Blitzschlag ohne Lichtschein auf Küchentisch« abholen.

Mißmutig warf Anja den Spülschwamm in die trübe Sauce und beschloß, erst einmal eine Zigarettenpause zu machen. Es war inzwischen dreizehn Uhr vier.

Anja ging rauchend in der Küche auf und ab, wischte hier flüchtig mit dem Ärmel über ein verstaubtes Regalbrett, warf dort eine verfaulte Zwiebel in den Abfall.

Gerade als sie wieder begonnen hatte, ihrer Spültätigkeit nachzugehen, klingelte das Telefon. Sie fuhr hoch und wäre beinahe in dem glitschigen Spülwasser ausgerutscht, das mittlerweile in großen Lachen auf dem Dielenfußboden stand.

»Ja?«

»Hallo, ich bin's.«

»Ach du, Susanna.«

»Hey, was' denn los? Besonders erfreut klingst du ja nicht gerade.«

Als Theaterfrau hatte Susanna ein professionelles Gespür für gespielte Begeisterung.

»Du, ich bin gerade dabei, unsere Wohnung wieder in einen menschenwürdigen Zustand zu bringen. Ich hänge bis über beide Ellenbogen in der Spülbrühe. Da würdest du auch nicht begeistert klingen.«

»Is' schon okay. Ich will dich auch nicht weiter stören. Ich wollte nur fragen, ob du morgen abend ins ›Moskau‹ gehst.«

»Weiß noch nicht, bei mir gibt's zur Zeit so das eine oder andere Durcheinander.«

Einen Moment herrschte in der Leitung vorwurfsvolles Schweigen. »Anja, du hast dich doch nicht etwa verliebt?«

Susanna und Anja hatten sich vor acht Jahren bei den Philosophen in einem Seminar über das Problem der Willensschwäche kennengelernt. Auf Susannas Seite war es Liebe auf den ersten Blick gewesen. Anja hatte mehrere Blicke gebraucht, um mit der zierlichen Blonden, die damals zwischen Platon und Adorno von einer Karriere als Primadonna geträumt hatte, etwas anfangen zu können. Vor sechs Jahren, beim neunten Anlauf, hatte Susanna dann ihren heißersehnten Studienplatz für Solo-Gesang an der »Hochschule der Künste« in Berlin erhalten und damit ihre weitere Geistesausbildung zugunsten des Kehlkopf- und Stimmbandtrainings aufgegeben. Bis an die Mailänder Scala hatte die Singerei Susanna zwar nicht gebracht, aber dafür war sie seit einem Jahr bei der Neuköllner Oper als Soubrette unter Vertrag.

Temperament und Profession entsprechend hatte Susanna Anja von Anfang an mit mehr oder minder gut inszenierten Eifersuchtsszenen unterhalten. Aber im Augenblick legte Anja keinen gesteigerten Wert auf melodramatische Ausbrüche am anderen Ende der Telefonleitung.

»Aber nein, Schätzchen, du weißt doch, dich würde ich als erste informieren, sollte ich mich je wieder verlieben.«

»Was ist dann los?«

Anja hatte keine Lust, ihrer inquisitorischen Freundin etwas von der Geschichte mit Rebecca zu erzählen. »Ach, eigentlich nur das übliche Chaos – vielleicht ein bißchen dicker als sonst. Ärger mit der Praxis, trouble mit Ulf, Hektor braucht 'nen Ölwechsel, na ja, du kennst ja mein Leben.«

Susanna war noch nicht restlos beruhigt. »Sonst nichts?«

»Glaub mir, es ist im Grunde wirklich alles in Ordnung. Ich schau, daß ich es morgen schaffe, ins ›Moskau‹ zu kommen, dann können wir zwei endlich mal wieder einen netten Abend miteinander verbringen.«

»Du kommst? Sicher?«

Anja stöhnte innerlich auf. »Is' zehn Uhr okay?«

»Na gut, dann bis morgen.«

»Ich freu mich, Schätzchen!« Entnervt knallte Anja den Hörer auf. Was das Telefon ihr übelnahm. Mit einem süffisant trockenen Knacken ließ es seine Wählscheibe auf den Boden fallen. Fluchend hob Anja die Plastikscheibe wieder auf und hielt sie an ihre angestammte Stelle. So wie es aussah, war da vorläufig nichts zu retten.

Muffig beugte sich Anja wieder über ihre Spülbrühe. Eigentlich war ihr die letzte Lust vergangen, das Geschirr fertig zu spülen. Sie fragte sich, ob man mit dem Telefon wenigstens noch angerufen werden konnte.

Um kurz vor halb zwei hatte sich Anja zu den besonders ekligen Tellern der unteren Schichten durchgekämpft. Verkrustete Speckwürfel mit blau-grüner Patina, angetrocknete Spaghetti und festklebendes Eigelb ließen sie auf Carbonara schließen. Sie stieß mit einem Messer nach den zementharten Essensresten. Was diesmal der Teller ihr übelnahm. Er brach entzwei. Wütend schmiß Anja die Spülstahlwolle ins Wasser und leckte sich ihren linken Handballen. Es war zwar nur ein flacher Schnitt, aber trotzdem: jetzt hatte sie die Schnauze endgültig voll. Sie wollte wissen, was mit Rebecca los war.

TRANSZENDENZ

Rebeccas schwarzseidener Rücken schimmerte schwach in dem spärlichen Licht, das durch die zugezogenen Samtvorhänge ihres Arbeitszimmers fiel. Sie saß an dem Nußholzschreibtisch, ihr Oberkörper und der rechte Arm waren auf die Tischplatte gesunken, der linke Arm hing schlaff herab. Frau Krause, die Nachbarin, die Anja Rebeccas Haustür aufgeschlossen hatte, stieß einen gellenden Schrei aus, schlug die Hand vor den Mund und rannte aus dem Zimmer.

Anja trat näher an den Schreibtisch. Die Bücher und Papiere auf ihm waren blutdurchtränkt, eine kleine, goldene Pendeluhr war umgefallen, das Glasgehäuse zerbrochen. Anja setzte sich auf den zweiten Stuhl, der neben dem Schreibtisch stand. Vico kauerte leise wimmernd zu Rebeccas Füßen. Ansonsten herrschte im ganzen Haus pelzige Stille.

Anjas Blick irrte über die Wand mit den deckenhohen Bücherregalen. Nun hatte sich Rebecca also endgültig in ihr Element zurückgezogen. Vielleicht fünftausend Seiten Papier würden von ihr übrigbleiben. Ohne es zu merken, starrte Anja die alten Kupferstiche an.

Sie konnte nicht glauben, daß Rebecca sich selbst ermordet hatte. In ätherischen Wesen wie ihr pulste das Leben zu schwach, um sich selbst zu vernichten. Eines Tages, unmerklich und gewaltlos, hätte das Blut in ihr zu fließen aufgehört. Nicht durch einen Schuß oder

Messerstich. Auf den Blättern, die über den Schreibtisch verstreut lagen, hatte sich die Tinte mit dem Blut zu einer schwarzrot marmorierten Fläche verbunden. Auch die vergilbten Seiten eines aufgeschlagenen Aristoteles-Bandes waren blutdurchtränkt. Es waren nur noch die Zeilenanfänge »Jede Kunst und – irgendein Gut – alles strebt« zu lesen.

Anja entdeckte die halbleere Whiskyflasche und das Glas, die neben dem Anrufbeantworter standen. *Johnnie Walker, Red Label.* Sie hatte gar nicht gewußt, daß Rebecca getrunken hatte. Das kleine rote Lämpchen des Anrufbeantworters blinkte, zwei Anrufe waren registriert. Anja schraubte die Whiskyflasche auf, nahm einen Schluck und stellte die Flasche zurück.

Nach kurzem Zögern drückte sie die oberste Taste des Anrufbeantworters, das kleine Tonband spulte zurück, dann erklang eine tiefe, gepreßte Stimme. »Frau Lux, gehen Sie ran. Ich muß mit Ihnen reden. Es ist wich –«

An dieser Stelle brach die Aufzeichnung ab. Offensichtlich hatte Rebecca den Hörer abgenommen. Anja war sich nahezu sicher, die Stimme nicht zu kennen, sie konnte nicht einmal mit Bestimmtheit sagen, ob es eine Männer- oder eine Frauenstimme war. Sie spulte das Tonband noch einmal zurück. Vico jaulte auf, als die Stimme zum zweiten Mal erklang.

»Frau Lux, gehen Sie ran. Ich muß mit Ihnen reden. Es ist wich –«

Anja fragte sich, ob der Anruf etwas mit Rebeccas Tod zu tun hatte. Während sie aufstand, ertönte hinter ihr eine zweite, tiefe Stimme. »Rebecca, ich bin's. Ich wollte mich nur mal erkundigen, wie's dir heute geht. Ruf mich doch nachher an, ich bin den ganzen Nachmittag zu Hause.« Nach dem kurzen Knacken am Ende der Aufzeichnung herrschte im Zimmer wieder völlige Stille. Anja drückte die Löschtaste. Das rote Lämpchen hörte auf zu blinken.

Jetzt erst merkte Anja, daß sich eine schmale Goldkette um die Finger ihrer linken Hand gewickelt hatte. Sie konnte sich nicht erinnern, wann und wie sie dorthin gekommen war. Anja ließ die Kette mit dem goldenen Münzanhänger vor ihrer Nase pendeln. Sie war das einzige Schmuckstück gewesen, das Rebecca stets getragen hatte. Sicher ein Geschenk ihres Vaters.

Eine Weile verfolgte Anja die gleichmäßigen Bewegungen der Münze. Rechts. Links. Rechts. Links. Sie begann, in dem schmalen Zimmer auf und ab zu gehen. Neun Schritte hin. Neun Schritte zurück. Sie betrachtete erneut die Stiche an den Wänden, verfolgte die rostroten Linien auf dem gelblichen Papier, ohne wahrzunehmen, was sie darstellten. Sie betrachtete das Portrait von Rebeccas Vater, verlor sich in den Falten seiner Reptilienhaut. Sie fuhr mit einer Hand an den Buchrücken in den Regalen entlang. Es half nichts. Der Sog, den der schwarz gekleidete Körper neben ihr ausübte, war stärker als je zuvor.

Anja trat von hinten an Rebeccas Stuhl. Vorsichtig strich sie mit ihren Händen über den gekrümmten Rücken, Millimeter für Millimeter, hinauf zu den Schultern. Ihre Finger erzeugten auf dem Seidenstoff ein leises, schleifendes Geräusch. Behutsam hob sie den todesschweren Oberkörper von der Schreibtischplatte und setzte ihn an die Stuhllehne zurück. Unter der linken Brust steckte ein Dolch oder Messer. Nur der Griff ragte heraus, es war die flache Skulptur einer antiken Göttin.

Anja ließ ihre Hände langsam an Rebecca hinabgleiten, während sie sich zu dem schneeweißen Gesicht hinunterbeugte. Die dunklen, fast schwarzen Augen waren aufgerissen, der Mund leicht geöffnet, ein dünner, eingetrockneter Blutfaden lief aus dem rechten Mundwinkel. Anja schloß die Augen. Rebeccas Lippen fühlten sich kalt und trocken an wie Papier. Anja schmeckte Blut, als sie die Zunge berührte, die leblos hart zwischen den unteren Zähnen ruhte.

Im Hausflur wurden Stimmen und Schritte laut, Frau Krause hatte offensichtlich die Polizei gerufen. Anja tippte mit ihrer Zungenspitze ein letztes Mal an die versteinerte Gaumenhöhle, dann richtete sie sich auf. Rebeccas Lippen glänzten feucht.

Als Kriminalhauptkommissar Glombitza, eskortiert von Schulze und der immer noch hysterisch aufschluchzenden Frau Krause, wenige Augenblicke später das Zimmer betrat, saß Anja wieder auf dem Stuhl neben dem Schreibtisch.

»Was, Sie schon wieder?«

Anja blieb sitzen und schaute zu Glombitza hoch. »Ich war mit ihr verabredet. Frau Krause hat mir die Tür aufgeschlossen, nachdem Rebecca Lux selbst nicht geöffnet hatte.«

Glombitza schickte einen knappen, fachmännischen Blick über die Szenerie. »Haben Sie irgendwas angefaßt?«

»Nein.«

Frau Krause unterbrach für einen Moment ihr Schluchzen und wandte sich an Glombitza. »Doch, Herr Kommissar, ich habe es genau gesehen. Vorhin lag Frau Professor Lux auf dem Schreibtisch. Nun sitzt sie.«

Glombitza zog seine buschigen Augenbrauen hoch. »Was, die Leiche lag auf dem Tisch?«

»Nicht direkt auf dem Tisch, aber so – mit dem Oberkörper.« Frau Krause versuchte die gemeinte Position durch eine Beugung ihrer fülligen Oberweite nachzustellen, wobei ihr Wintermantel sich öffnete und die Sicht auf ein rosa Negligé freigab. Schulze grinste, Glombitza räusperte sich und machte einige Schritte auf Anja zu. »Der Tatort ist bis zum Eintreffen der Polizei so zu belassen, wie er vorgefunden wurde. Sie haben durch Ihr eigenmächtiges Handeln vielleicht wertvolles Beweismaterial vernichtet.«

»Ich hab' gar nichts vernichtet. Ich wollte nur sehen, ob sie erstochen oder erschossen wurde.«

»Was heißt hier ›erschossen oder erstochen *wurde*‹? Die Frau hat sich selber umgebracht.«

Anja stand auf. »Hören Sie, ich kenne sie besser, sie würde keinen Selbstmord begehen. Das hier war Mord.«

Glombitza musterte die Fingerspitzen seiner ausgestreckten rechten Hand. »Ich denke, das zu beurteilen, sollten Sie lieber uns überlassen.« Mit mokantem Lächeln drehte er sich auf den Absätzen um. Frau Krause schluchzte jetzt nicht mehr, sondern murmelte in kurzen Abständen: »Daß so was passiert ist, nee, wie so was passieren konnte.«

Zwei weitere Beamte – vermutlich von der Spurensicherung – hatten sich inzwischen darangemacht, das Zimmer zu durchforsten.

»Schulze, nehmen Sie die Personalien von den Damen hier auf, und bestellen Sie beide für morgen zur Mordkommission.« Schulze ruckte sich stramm und zückte einen kleinen Notizblock.

Anja war mittlerweile ans Fenster getreten und blickte müde durch den schmalen Spalt zwischen den Vorhängen hinaus. Sie ahnte: Diese Ignoranten hier würden nie zugeben, daß Rebecca wahrscheinlich ermordet worden war. Glombitzas schlecht verhohlenes Lächeln hatte nur zu deutlich verraten, daß die Affäre Schreiner/Lux für ihn eine glückliche Wendung genommen hatte. Eine unangenehme Frau bringt einen Philosophen um, die unangenehme Frau bringt sich selber um, der Fall ist erledigt. Anja mußte dringend mit Stammheimer sprechen.

»Darf ich Sie in Ihrer Trauer einen Moment stören?«

Anja zuckte leicht zusammen. »Was? Ach, lassen Sie mich doch in Ruhe!«

Ein dreckiges Grinsen breitete sich über Schulzes Gesicht aus. »Tut mir leid, aber ich muß Ihre Personalien aufnehmen. Name?«

Anja wollte jetzt nicht reden, am allerwenigsten mit diesem Hilfstrottel in Uniform. »Hier ist mein Personalausweis, schreiben Sie sich ab, was Sie brauchen.«

Schulze kritzelte diensteifrig auf seinem Block herum, dann gab er Anja das Dokument zurück. »Kommen Sie morgen früh um neun in die Keithstraße.«

Anja verließ ohne weiteren Kommentar das Arbeitszimmer, nachdem sie einen letzten Blick auf Rebecca geworfen hatte, an der sich Beamte mit langen weißen Gummihandschuhen zu schaffen machten. Sie wollte allein sein.

Sie war bereits auf die kleine Treppe vor der Haustür getreten, als ihr plötzlich Vico einfiel, der im ganzen Trubel unbemerkt verschwunden war. Ein sie selbst irritierender Restinstinkt von Pietät sagte ihr, daß sie es Rebecca schuldig war, Vico zu sich zu nehmen.

Der greise Neufundländer lag im Schlafzimmer. Als er Anja sah, begann er zu winseln.

»Komm her, du weißt, ich mag dich nicht, aber Rebecca würde es auch noch das tote Herz brechen, wenn du ins Tierheim kämst. Vielleicht würdest du auch gleich eingeschläfert.«

Vico schien zu verstehen, daß er keine andere Chance hatte, als Anja zu folgen. Etwas zittrig rappelte er sich auf und tappte hinter Anja her, die das Schlafzimmer bereits wieder verlassen hatte.

Anja verspürte das dringende Bedürfnis, den Kopf in den Wind zu halten, bevor sie in die Stadt zurückfuhr. Der Wannsee lag nur einige hundert Meter von Rebeccas Haus entfernt. Vico trottete ihr willenlos nach, die Stirn in tiefe Trauerfalten gelegt. Sein kleines Hundehirn begriff, daß für ihn andere Zeiten angebrochen waren. Es begann zu dämmern. Gefolgt von Vico stapfte Anja zigaretterauchend, mit hochgeschlagenem Jakkenkragen durch das Herbstlaub. Ab und zu trat sie in Laubhaufen, so daß die Blätter durch die Luft wirbelten. Sicher würde es bald schneien.

An der Stelle, wo die Uferpromenade direkt an den See führte, blieb sie stehen und starrte über die schwarze, kalt glänzende Wasseroberfläche. Ein leichter Wind kam auf, der das Wasser zu kleinen Wellen kräuselte.

Ecce homo

Es war ein entsetzlich langweiliger Tag gewesen. Ulf hatte bis nachmittags im Bett, in der Badewanne und vor dem Fernseher rumgelungert, ohne recht zu wissen, was er mit sich anfangen sollte.

Auch die *BZ* hatte nichts Interessantes gebracht. Was dort über das »Philosophenmassaker« gestanden hatte, wußte er sowieso schon von Anja, wenngleich sie ihm gestern abend nicht viel hatte erzählen wollen. Dabei hätte er gut noch ein wenig Unterhaltung brauchen können, als er kurz vor Mitternacht aus »Andreas' Kneipe« zurückgekommen war. Der Abend dort war ein kompletter Reinfall gewesen: nur dieselben dickbäuchigen Schnäuzertypen um die fünfzig, die dort immer allein auf ihren Barhockern saßen und im Grunde nicht einmal das Geld hatten, sich ihr eigenes Bier zu finanzieren. Anja hatte recht, Ulf brauchte dringend Geld, doch auf richtig Arbeiten hatte er nun wirklich keine Lust. Die Kontaktanzeigen in der neuen *Zitty* hatten ihn auch nicht unbedingt ermutigt. Die einzige Anzeige, die nach Finanzkraft geklungen hatte, stammte von einem »sympath. Paar: W, 27, Sado/Bi + M, 33, Maso, attr. / gutsit.«, das einen »jungen Boy (devot + hübsch kein Hinderungsgrund) für alle Arten Arbeit, Sport und Spiel in lux. Atmosphäre« suchte. Allerdings fürchtete sich Ulf ein wenig vor Sadofrauen, auch wenn sie behaupteten, Teil eines sympathischen Pärchens zu sein. Anja reichte ihm gerade.

Für kurze Zeit hatte er überlegt, ob er es nicht einmal mit dem »alten Sack (55)« versuchen sollte, der »experimentierfreudige Jung-Sados« suchte, die sich »an ihm austoben« wollten. Aber eigentlich waren Ulf diese Weicheier eher suspekt. Sie putzten einem zwar bereitwillig dreimal am Tag das Klo, aber Geld machten sie für gewöhnlich nicht locker, geschweige denn, daß sie einem sonst etwas zu bieten hatten.

Auf diese Weise entmutigt und lustlos hatte Ulf am späten Nachmittag seine Sachen gepackt, um wie jeden Mittwoch zum textilfreien Schwimmen ins Stadtbad Wilmersdorf zu gehen. Da er heute kein Geld für die Sauna hatte, war er gleich in die Schwimmhalle gegangen. Die großen Jalousien vor den Fenstern waren heruntergelassen, im Becken war es ziemlich leer. Die Szene schwitzte noch unten im Keller und würde erst gegen acht eintreffen. Ulf plazierte sein Handtuch an einem strategisch günstigen Platz gegenüber dem Eingang.

Ein textilfreier Abend im öffentlichen Hallenbad war schon eine feine Sache. In Frankfurt hatte es so was nicht gegeben, von Darmstadt ganz zu schweigen. Damals, als er noch bei seinen Eltern gewohnt hatte, durfte er nicht einmal barfuß am Frühstückstisch erscheinen. Jetzt konnte er sogar ohne Badehose ins Schwimmbad gehen.

Ulf schlenderte zu einer der Metalleitern, die ins Wasser führten. Er stand eigentlich nicht auf Schwimmen, aber alleine am Beckenrand sitzen, bis die anderen kamen, war auch nicht lustig. Also ließ er sich ins Wasser plumpsen. Im Sommer war er einmal mit Anja an den Teufelssee gegangen. Seitdem hatte er sie nicht mehr zum Baden mitgenommen. Ulf wußte selbst, daß er kein eleganter Schwimmer war, aber sich sagen zu lassen, daß er wie ein Dackel kurz vor dem Ertrinken aussähe, hatte er jedenfalls nicht nötig. Mit stolz erhobenem Kopf paddelte er einige Bahnen.

Seine Gedanken wurden unterbrochen, als er am Eingang einen ausgesprochen attraktiven, großen Typen mit kurzgeschorenen Haaren, breiten Schultern, sehnigen Armen und dem hübschesten Arsch der Welt entdeckte. Ulf bildete sich ein, ihn ein paar Mal in letzter Zeit mit dem weichen Rudi zusammen gesehen zu haben. Er hatte sich damals schon gewundert, wie Rudi an einen solchen Lover herangekommen war, und jetzt, so ohne Kleider, fand er ihn noch viel atemberaubender. Ulf verfolgte fasziniert seinen Weg am Beckenrand.

»Mann, kannste denn nich' uffpass'n, wo de hinschwimmst?«

Ulf war mit einer der wenigen Frauen, die Mittwoch abend ins Stadtbad Wilmersdorf gingen, zusammengestoßen. »Wenn du hier uff'm Rücken schwimmst, brauchst du net mir zu saache, daß isch uffbasse soll.«

Die kurzhaarige Freundin derjenigen, mit der Ulf den Unfall gebaut hatte, drehte sich neugierig in Bauchlage. »Nee, wat für'n drolljer Dialekt. Laß doch, Olga, der Kleene jehört ja noch ins Kinderbecken.«

Zu seinem Ärger wurde Ulf rot, er versuchte ein möglichst verächtliches »Tussis!« zu knurren und drehte ab. Hoffentlich hatte der hübsche Typ nichts von dem Zwischenfall mitgekriegt.

Als Ulf vorsichtig in Richtung Beckenrand schielte, grinsten ihn zwei stahlblaue Augen und ein wunderbarer Mund breit an. Die männliche Erscheinung sprang mit einem schneidigen Kopfsprung ins Wasser und

tauchte nach wenigen Sekunden neben Ulf wieder auf.
»Na Kleiner, Streß mit Weibern?«

Ulf wurde noch einen Farbton röter, er schluckte wild hustend Chlorwasser und wollte nur noch ertrinken. Der Männertraum griff ihm von hinten um die Brust. Das Gefühl der starken Unterarme auf seiner nackten Haut hätte Ulf beinahe den letzten Funken Bewußtsein geraubt.

»Komm, wir legen dich erst mal trocken.«

Der Schöne schwamm mit Ulf zu dem Ende des Beckens, an dem eine gekachelte Treppe aus ihm herausführte. Willenlos ließ sich Ulf von ihm zu seinem Handtuch bringen.

Nach einigen Augenblicken hatte er sich wenigstens wieder so weit im Griff, daß er überlegen konnte, wie seine jämmerliche Position vielleicht noch zu verbessern war. Er richtete sich auf und wandte sich zu dem Wunderbaren, der zurückgelehnt, die Hände nach hinten aufgestützt, neben ihm saß und ihn aus halbgeschlossenen Augen amüsiert betrachtete.

»Das wär' jetzt aber nicht nötig gewesen. Ich wär' auch allein aus dem Wasser gekommen.«

»Keine Frage.« Mit einem stahlblauen Lächeln strich der hübsche Typ Ulf über den Rücken. Ulf spürte, wie es ihn neuerlich durchrieselte. Aufgeregt durchforstete er sein Hirn nach irgend etwas Intelligentem, das er sagen konnte. Schließlich hatte man so eine Chance nicht alle Tage. »Warst du nicht 'n Freund von Rudi, der Prof, den se umgebracht haben?«

Der Typ nahm seine Hand von Ulfs Rücken und zog die linke Augenbraue hoch. Die vorher freundliche Stimme wurde scharf. »Wie kommst'n darauf?«

Ulf merkte, wie er schon wieder rot wurde. Er hatte

sich ja gleich gedacht, daß dieser tolle Typ hier nichts mit dem Fettwanst Rudi zu schaffen haben konnte. Hoffentlich hatte er es sich jetzt nicht mit ihm verdorben. »Na ja, ich dachte halt, ich hätt' euch mal gesehen. – Mein Mitwohni Anja hat mir nämlich erzählt, daß Rudi in ihrem Institut ermordet worden ist.« Vertraulich neigte sich Ulf zu dem Schönen hin. Vielleicht konnte er mit der Mordgeschichte von seinem Fehltritt ablenken. »Zerstückelt. Sicher 'n schwulenfeindlicher Ritualmord.«

»Ah ja? Ich hab nur gehört, daß er umgebracht wurde.«

»Er war zerstückelt. Anja hat es genau gesehen. Sie war nämlich dabei, als Rudi gefunden wurde.«

Der hübsche Typ lachte auf. In seinen stahlblauen Augen blitzte es. »Na da hast du ja Informationen aus erster Hand.«

Ulf nickte stolz. Anscheinend hatte er die Lage gerettet. »Ich weiß sogar noch was. Steht noch nicht in der Zeitung. Die Bullen haben gestern die Direktorin von dem Institut als Mörderin festgenommen. Anja glaubt das aber nicht. Sie ist nämlich mit der Direktorin befreundet und hat 'ne Kaution bezahlt, damit sie wieder freikommt – so richtig wie im amerikanischen Krimi.«

Der hübsche Boy richtete sich auf. »Da scheinst du ja eine ganz großartige Mitwohnerin zu haben. – Ich geh' noch mal schwimmen, vorhin war's ja nicht so lang. Kommst du mit, oder hast du die Schnauze voll?«

Ulf sprang auf. »Natürlich komm' ich mit. Ich schwimm' nämlich unheimlich gern.«

Er platschte hinter dem Herrlichen ins Wasser. Kopfsprung hatte er noch nie gekonnt. Ulf versuchte, seinem Traummann hinterherzuschwimmen, sah aber schnell ein, daß es sinnlos war. Also tat er so, als ob er gar nicht gezielt irgendwelche Bahnen schwimmen wollte, sondern ließ sich ein wenig am Beckenrand treiben.

Ulf betrachtete seine großen Zehen, die aus dem Wasser guckten. Ob der Typ was von ihm wollte?

Er mußte an das erste Mal denken, als er es mit einem Mann gemacht hatte. Zu Hause in Darmstadt hatte er sich nie getraut, mit einem Kerl wirklich was anzufangen, sein Vater hätte ihn sicher geschlagen, wenn er davon Wind bekommen hätte. Außerdem war er damals ja noch mit Birte aus seinem Gymnasium zusammengewesen, die seine Mutter so nett fand. Erst hier in Berlin hatte er sich getraut. Es war gleich an seinem dritten Abend in dieser Stadt gewesen, im Darkroom von »Toms Bar«. Ein pickliger, älterer Typ, der ihn vorher in »Andreas' Kneipe« angemacht hatte, hatte ihn später dorthin mitgenommen. Es war alles ziemlich überraschend gekommen, und so genau wußte Ulf gar nicht, ob es dann letztlich der Typ aus »Andreas' Kneipe« gewesen war oder ein anderer. Sein Arsch hatte ihm tagelang wehgetan, aber er war stolz gewesen. Später hatte es angefangen, ihm auch Spaß zu machen.

»Ein großer Schwimmer vor dem Herrn scheinst du ja nicht zu sein.« Der hübsche Typ war neben Ulf am Beckenrand aufgetaucht.

»Ach, weißt du, mir is' heut' nich' so danach.«

Der feuchte Traum grinste. »Ist dir vielleicht nach was anderem?«

Ulf gab sich alle Mühe, diesmal nicht rot zu werden. »Ja, ähm, wenn du, vielleicht –«

Wie ein Delphin schoß der Athletische aus dem

Wasser, stand am Beckenrand elegant auf und streckte Ulf seine rechte Hand am muskulösen Unterarm entgegen. »Ich kenn' hier eine schöne, ruhige Umkleidekabine, wo uns keiner stören wird.«

Die Geburt der Tragödie

Anja war vom Wannsee aus in ihre Praxis nach Halensee gefahren. Ulf zu Hause hätte sie jetzt nicht ertragen. Für gewöhnlich war er zwar Mittwoch abend im Tuntenaquarium, aber so genau konnte man das nie wissen. Außerdem wußte sie nicht, ob das Telefon bei ihr mittlerweile wieder benutzbar war.

Anja spürte jetzt erst, wie hungrig sie war. Schließlich hatte sie den ganzen Tag lang noch nichts Vernünftiges in den Magen bekommen. In dem Metallschrank neben der Herdplatte, auf der Anja das Tee- und Kaffeewasser für ihre Kunden aufsetzte, standen immer einige Dosen Ravioli. Vicos Winseln erinnerte sie daran, daß der Hund heute vermutlich auch noch nichts gegessen hatte.

Die Fahrt mit Hektor war erstaunlich unproblematisch verlaufen, Anja hatte Vico angedroht, daß er in den Kofferraum käme, falls er es wagte, auf die Ledersitze zu springen. Daraufhin hatte sich Vico brav auf die Fußmatte des Beifahrersitzes gequetscht, wo er dann auch die ganze Fahrt über reglos liegengeblieben war, ohne einen Laut von sich zu geben.

Anja öffnete für Vico eine zweite Dose und stellte sie vor ihn hin. »Da, friß. Was anderes gibt's heut' nicht. Du brauchst dir gar nicht erst einzubilden, daß ich fünfmal am Tag Haferbrei für dich koche.«

Vico beschnüffelte mißtrauisch den rötlichweißen Doseninhalt, dann stieß er vorsichtig seine Schnauze in die weichen Teigtaschen und begann mit einem leisen Seufzer zu fressen.

Anjas Ravioli hatten auf dem Herd mittlerweile angefangen zu köcheln, sie rührte ein paar Mal um, bevor sie den Topf von der Platte nahm und sich mit ihm an den Schreibtisch setzte. Aus einer Wohnung gegenüber flackerte das unruhige blaue Licht eines Fernsehers.

Ohne es zu merken, aß Anja den Raviolitopf leer. Eigentlich war sie immer noch hungrig, aber jetzt mußte sie erst einmal mit Stammheimer reden. Sie wählte seine Privatnummer, denn um kurz nach sieben würde sie ihn sicher nicht mehr im Gericht erreichen. Nach kurzem Läuten meldete sich Angela Stammheimer, Anjas ehemalige Kundin. »Ach, Anja, das ist aber 'ne Überraschung. Du willst sicher Manfred sprechen?«

Angela Stammheimer war die einzige Kundin, mit der sich Anja geduzt hatte. Die ehemalige Autonomenbraut zu siezen, hatte sich in den heftigen ideologischen Kämpfen, die sie in der Praxis ausgefochten hatten, als überflüssig erwiesen.

»Manfred ist heute morgen nach Westdeutschland geflogen, ich glaube, er ist erst am Freitag zurück. Aber er hat mir erzählt, daß ihr Freitag abend sowieso zum Essen verabredet seid.«

Anja legte auf, nachdem sie aus ihrer ehemaligen Kundin nur noch herausgebracht hatte, daß Stammheimer irgendwo dienstlich in Stuttgart und Frankfurt war, wo genau konnte sie ihr auch nicht sagen.

Vico hatte inzwischen seine Mahlzeit ebenfalls beendet. Offensichtlich hatte es ihm geschmeckt, denn während er sich Schnauze und Pfoten leckte, sah er beinahe ein wenig glücklicher aus als vorhin. Eine Ravioli hatte sich in den zotteligen, angegrauten Haaren über seinem rechten Ohr verfangen.

Anja stand vom Schreibtisch auf und trat ans Fenster. Der Fernseher gegenüber flimmerte immer noch. Soweit sie es erkennen konnte, handelte es sich um einen Western.

Vico war von der Aufregung der letzten beiden Tage erschöpft eingeschlafen und schnarchte. Zu Hause würde dieser Hund nicht in ihrem Zimmer schlafen, das stand für Anja fest. Ulf mochte bestimmt Hunde, ansonsten mußte er eben in die Küche.

Anja wußte, daß sie Rebeccas Mörder selbst suchen würde, ohne den Gedanken auszusprechen. Es war einer von jenen Entschlüssen, die Wirklichkeit werden, ohne daß man sich erinnern kann, sie jemals gefaßt zu haben.

Anja schloß die Augen und berührte mit ihren Lippen die kalte, glatte Fensterscheibe.

Zweiter Teil

Ohne Leitbild

Dicke Regenbäche liefen an den großen Glasscheiben des Philosophischen Instituts hinunter. Wenn es feucht war, wirkte dieses Gebäude noch mehr wie ein Gewächshaus. Etwas schwankend auf mittelhohen Pumps rannte Anja die zwanzig Meter von Hektor zum Institutseingang. Eigentlich war sie sicher, daß sie – außer einigen Ewigstudenten – hier niemand mehr erkennen würde, dennoch hatte sie vorsichtshalber die gemäßigte Praxisverkleidung aus dunklem Hosenanzug, seidenem Männerschal, hochgesteckten Haaren und Brille gewählt. Unter dem Eingangsvordach stand Fridtjof, die linke Hand in den Regen gestreckt, und sang leise vor sich hin: *Der Winter mag scheiden, der Frühling vergeh'n, der Sommer mag verwelken, das Jahr verweh'n, du kehrest mir zurücke, gewiß, du wirst mein, ich habe es versprochen, ich harre treulich dein.*

Allem Anschein nach wartete er immer noch auf den Übermenschen. Anja betrat rasch das Foyer – in ein Gespräch mit dem Philosophie-Clochard wollte sie sich jetzt nicht verwickeln lassen, ihre Nerven würde sie hier und heute noch anderweitig brauchen.

Da sie geringe Lust verspürte, sich im ganzen Institut auf die Suche nach der Stimme von Rebeccas Anrufbeantworter zu machen, hatte sie beschlossen, sich erst einmal die Professoren vorzunehmen, die diese am Montag erwähnt hatte. Als erster stand Wogner auf ihrer Liste. Nach Anjas Einschätzung war sein Verhältnis zu Rebecca nur das übliche kollegiale Desinteresse gewesen, aber immerhin hatte er Schreiner verabscheut.

Wogners Zimmer lag wie alle Professorenzimmer im Obergeschoß. Ein Blick auf die Armbanduhr verriet Anja, daß es kurz vor Mittag war, die Sprechstunde somit gleich beginnen würde. Da auf der Galerie, in der Nähe von Wogners Zimmer, bereits zwei Studenten saßen, war es bestimmt kein Fehler, sich bei der Sekretärin zu erkundigen, wie voll es würde.

Frau Schneidewein tickerte am Computer, als Anja das Zimmer betrat. »Entschuldigen Sie bitte die Störung, ist heute mittag noch ein Termin bei Professor Wogner frei? Es geht um ein Dissertationsprojekt.«

Frau Schneidewein blickte kurz vom Bildschirm auf, musterte Anja mit einem knappen Blick über ihre Brille hinweg und hackte mit langen, dunkelroten Fingernägeln weiter in die Tastatur. »Nein. Professor Wogner empfängt nicht ohne vorherige Anmeldung.«

»Es ist aber wirklich dringend, ich muß unbedingt noch diese Woche erfahren, ob Herr Wogner bereit ist, meine Arbeit zu betreuen.«

»Ich kann probieren, einen Termin für Sie zu machen. Versprechen kann ich Ihnen aber nichts. Wenn Sie bitte draußen warten würden.«

Anja setzte sich abseits von den beiden Studenten und begann, in ihrer Handtasche nach etwas Lesbarem zu kramen, damit keiner von den Studis auf die Idee käme, sie hätte Gesprächsbedarf. Außer allerlei Müll fand sie in der selten benutzten Tasche nur einen nahezu leeren Time-Planer und einen Notizblock. Letzterer und ein goldener Kugelschreiber würden ihre Dienste auch tun.

Anja schlug die Beine übereinander, kaute auf dem Ende des Kugelschreibers herum und sah aus wie jemand, der sich auf der Suche in seinem tiefsten Innern verirrt hat.

»Weißt du eigentlich etwas Genaues darüber, wie Frau Lux gestorben ist?«

Ohne aufzublicken, spitzte Anja die Ohren.

»Nö, hab' nur so was munkeln hören, daß es Selbstmord war.«

»Ah ja, Selbstmord. Die Suizidrate soll in Berlin seit der Wiedervereinigung ja insgesamt stark angestiegen sein.«

»Was hat denn das mit der Lux zu tun, Mann. Die war doch total unpolitisch. Die hat bestimmt nicht mal mitbekommen, daß die Mauer weg ist.«

Anja schielte unauffällig über ihren Block. Derjenige, der zuletzt gesprochen hatte, trug einen langen Pferdeschwanz, zerrissene Jeans und ein Baumwollhemd mit bestickter Lateinamerika-Weste darüber. Der andere hatte glattgescheitelte, kurze Haare, trug eine Brille, dunkelblaue Stoffhosen und eine grüne Windjacke.

»Ich finde, da tust du ihr Unrecht. Ihre moralphilosophischen Schriften enthalten durchaus normativ Gehaltvolles, das vor dem Hintergrund einer allgemeinen Konzeption –«

»Quatsch, Mann, die hat mit ihrem Antike-Tugend-Blödsinn doch überhaupt nicht mehr geblickt, wo's lang geht. Sozialismus war für die doch immer 'n Fremdwort.«

»Da unterschlägst du aber, daß vieles, was bei Marx steht, seine Wurzeln in Aristoteles hat und ohne Aristoteles auch für Marx gar nicht denkbar gewesen wäre.

Die Idee von einem objektiven Wissen um das menschlich Gute, von dem aus die Kritik –«

»Kritik, ja? Was heißt denn schon Kritik, Mann. Kritik allein is' für'n Arsch. Protest is' angesagt, Widerstand mußt du leisten. Aber das kapieren die Philosophen hier natürlich nicht.«

»Bevor ich gegen etwas Widerstand leiste, muß ich doch erst einmal genau analysiert haben, wie die Problemstruktur aussieht, muß ich die Probleme von verschiedenen Seiten aus beleuchtet haben. Das ist meiner Meinung nach die Aufgabe der Philosophie. Man kann doch die elfte Feuerbachthese auch positiv wenden –«

»Ja, genau da liegt das Problem, das sind diese ganzen Reformisten, die zu dieser pseudotoleranten, liberalen Scheiße übergelaufen sind, und dabei gar nicht mehr merken, wie sie im System verrecken. Nimm den letzten Unistreik oder Olmypia, nur so als Beispiel, da war das doch alles genauso. Diese ganzen Typen, die was von ›Arbeitsplätzen‹ und ›Sparen-müssen‹ und ›positiven Aspekten‹ und so gefaselt haben. Mit ihrer andauernden Reformscheiße sind das die eigentlichen Feinde der Revolution.«

Anja gab den beiden noch exakt drei Minuten, länger würde sie das nicht mehr aushalten.

»Aber wie bestimmt und organisiert man denn das Potential für eine Revolution? Du glaubst doch nicht immer noch an die Kraft einer proletarischen Welterhebung? Das haben doch schon der späte Horkheimer und Adorno gezeigt, daß von der Arbeiterklasse nichts mehr zu erwarten –«

»Mann, Horkheimer und Adorno, genau so Typen mein' ich. Die haben achtundsechzig die Idee ja auch als erste verraten. Die Antwort darauf, daß die Arbeiterklasse von den anhaltenden kapitalistischen Verhältnissen kaputt gemacht ist, kann doch nicht ›Bourgeoisie‹ heißen, sondern nur ›Subproletariat‹. Ganz unten mußt du die Leute suchen!«

»Aber Marcuse –«

Es reichte. Noch ein Wort mehr, und Anja würde ihrerseits in den bewaffneten Widerstand gehen. »Würde es euch beiden was ausmachen, die Weltrevolution vielleicht ein andermal weiterzuplanen? Es gibt Leute, die sind schon damit zufrieden, wenn sie hier und jetzt ungestört auf einem Stuhl sitzen können.«

Der Gescheitelte und der Pferdeschwanz blickten sie irritiert an. »Mann, wir sind hier in 'nem Philosophischen Institut, da wird man doch wohl noch diskutieren dürfen.«

»Von mir aus könnt ihr diskutieren bis zum Jüngsten Gericht oder meinetwegen auch bis zur Weltrevolution, aber verschont, bitte, mich bis dahin.«

Der Pferdeschwanz musterte Anja abfällig. »Was macht 'n so 'ne Luxustussi wie du hier überhaupt im Institut?«

»Promotionen schreiben.«

»Bestimmt auch über irgendso 'ne Liberalismuskakke.«

Anja rückte ihre Brille zurecht. »Nicht ganz. Es geht um Rache als Notwehr in der Zeit.«

Der Gescheitelte wirkte interessiert. Völlig absurd schien das Thema, das sich Anja letzte Nacht zusammengereimt hatte, in Philosophen-Ohren nicht zu klingen. »Wollt ihr beide eigentlich auch zu Wogner in die Sprechstunde?«

»Nö, was soll ich denn bei dem Musikspinner? Auch

so einer, bei dem die fortschreitende Entpolitisierung –«

»Na, dann hab ich einen wunderbaren Vorschlag: Ihr könnt jetzt sofort über die Weltrevolution weiterdiskutieren – und zwar woanders.«

Der Pferdeschwanz schlug sich auf den speckigen Schenkel seiner Jeans. »Das is' doch mal wieder typisch: erst so liberal daherkommen, und dann einem vorschreiben wollen, wo man hingehen soll.«

Anja klappte ihre Handtasche zu. »Ich bin nicht liberal.«

»Joschi, komm, wir können doch wirklich genausogut woanders weiterdiskutieren, wenn die Dame hier auf die Sprechstunde wartet und arbeiten möchte.«

Joschi revoltierte pro forma noch ein wenig, verschwand aber dann mit dem Gescheitelten die Treppe hinunter.

Im Vergleich zu diesen Typen wurde Anja sogar Ulf wieder sympathisch, wenngleich sie ihn heute morgen liebend gern umgebracht hätte. Um sieben Uhr war sie von merkwürdigen Geräuschen aus der Küche geweckt worden. Nachdem die Geräusche nicht aufgehört hatten, war sie nach gegenüber gegangen und mußte dort Ulf mit einem anderen Homo in der Badewanne entdecken. Ulf hatte versucht, sich damit zu entschuldigen, daß Peer – sein Badepartner – PR-Chef bei Schering war und deshalb so früh aus dem Haus müßte. Obwohl Anja die beiden am liebsten augenblicklich aus der Wohnung geschmissen hätte, und obwohl sie ja generell nicht auf Kerls stand, mußte sie zugeben, daß Ulf ausnahmsweise mal einen wirklichen Fang gemacht hatte. Im Vergleich zu den Kreaturen, die er sonst anschleppte, war dieser hier ein wahrer Adonis. Außerdem schien er einen positiven Einfluß auf Ulf zu haben, denn dieser hatte gleich nach seinem neuen Lover um acht die Wohnung verlassen. Wahrscheinlich war es aber doch nur die Angst vor Anjas anstehendem Tobsuchtsanfall gewesen, die ihn so früh aus dem Haus getrieben hatte.

Frau Schneidewein öffnete ihre Tür, um Anja mitzuteilen, daß der Herr Professor prinzipiell bereit sei, sie zu empfangen. Es war Viertel nach zwölf.

FÜR-SICH-SEIN

Das Zimmer Professor Wogners lag unter undurchdringlichem Pfeifenqualm. Luft war als solche nicht mehr auszumachen. An den Wänden reihten sich die obligaten Regale im Unieinheitsdesign, aus denen Bücher, Noten und alte Zeitungen auf den Fußboden quollen. Neben der Tür hing ein vergilbtes Konzertplakat »Luigi Nono: Fragmente – Stille«.

Professor Hinrich Wogner selbst saß klein und verloren am hinteren Ende des Raumes. Kurz blickten seine dunklen Vogelaugen hinter den verrutschten Brillengläsern in Richtung Anja, dann glitten sie wieder über die Klaviertastatur ins Ferne. Wogner war alt geworden – ein zusammengesunkenes, zerzaustes Küken mit ergrautem Flaum.

»Wie immer auch dringlich Ihnen Ihr Anliegen erscheinen mag, so muß ich Sie dennoch darauf hinweisen, daß Sie einen Mann, der nicht mehr der Jüngste sich nennen darf, wertvoller, da vielleicht letzter Momente der Inspiration berauben.«

Anja machte einige Schritte auf Wogner zu. »Entschuldigen Sie, aber ich dachte, Sie hätten jetzt Sprechstunde. Ich wußte selbstverständlich nicht, daß ich Sie beim Arbeiten stören würde.«

»Verehrteste«, Wogners Augen tauchten langsam wieder aus den Tiefen des Klaviers in Richtung seiner Gesprächspartnerin auf, »in der Einrichtung der sogenannten ›Sprechstunde‹ ist durchaus nichts anderes zu sehen als eine der letzten Verfallsformen akademischen Lebens. Am Ende ihrer Geschichte schlägt die universitäre Praxis um in den Kultus des Audienzhaltens.«

Anja stand in der Mitte des Zimmers, und Wogner machte keinerlei Anstalten, sie zum Setzen aufzufordern. »Ich weiß nicht, ob Ihre Sekretärin Ihnen bereits mitgeteilt hat, worum es geht. Ich suche einen neuen Doktorvater, nachdem Professor Schreiner ermordet wurde.«

Ein kleiner Ruck ging durch den schwachen Körper Hinrich Wogners. »Wie? Sie arbeiteten bei diesem Herrenmensch-Ideologen?« Wogner stand mit überraschender Heftigkeit auf. Sein altmodischer, schwarzer Anzug schlotterte um die dürren Gliedmaßen, während er einige Schritte auf und ab ging. Mit auf dem Rücken gefalteten, von braunen Altersflecken überzogenen Händen blieb Wogner vor dem Fenster stehen. Ohne sich nach Anja umzudrehen, begann er erneut zu reden. »Was immer die irrigen Hoffnungen waren, die Sie zu mir geführt haben, ohne alle Ausnahme werde ich mich weigern, eine Doktorarbeit zu betreuen, die bei diesem unseligen Kollegen begonnen wurde.« Wogner griff nach einer der zahlreichen Pfeifen, die auf dem Klavier verstreut herumlagen.

Anja taten langsam die Füße weh. »Mir ist bekannt, daß Professor Schreiner und Sie nicht auf bestem Fuß standen, aber auch ich hatte in der letzten Zeit einige Differenzen mit meinem Doktorvater. So furchtbar sein Tod ist, so bin ich dennoch beinahe erleichtert, auf diese Weise meine Dissertation jemand anderem anvertrauen zu können.«

Mißtrauisch äugte Wogner zu Anja, nachdem er sich

wieder gesetzt und damit begonnen hatte, die Pfeife an dem linken Klavierbein auszuklopfen. Der ausgebrannte Tabak rieselte auf den Boden. »Welchem Sujet soll die Arbeit sich denn widmen?«

Anja verspürte eine leichte Hitzewallung. »Es soll eine Untersuchung zu den Begriffen der ›Notwehr‹ und der ›Rache als zeitlich verschobener Notwehr‹ werden.«

Wogner beendete das Pfeifeklopfen und wiegte nachdenklich sein kahles Haupt mit dem ausgedünnten Haarkranz. »Hier zeigt in aller Klarheit das Archaische sich, dem die Philosophie Rudolf Schreiners insgeheim von je verfallen war. Im vermeintlichen Fortgang zu Themen der Moderne vollzieht sich der Rückschritt zum Ältesten.« Wogners Blick verlor sich hinter Anja. »Absurd hat in unseren Tagen der Drang zu regressiven Themen sich stabilisiert. Im Stande der vollendeten Ohnmacht neigt das Subjekt sich zurück zu seinen Ursprüngen, um eine Unschuld zu suchen, die auch dort längst schon verscherzt wurde.« Aus seiner verbeulten Anzugtasche holte Wogner Pfeifenputzer, Tabaksbeutel und ein Briefchen Streichhölzer.

Anja versuchte möglichst unauffällig ihr Gewicht von einem Fuß auf den andern zu verlagern. Außer dem Klavierhocker stand noch ein alter Holzstuhl im Raum, vielleicht sollte sie sich unaufgefordert setzen. Zu ihrer eigenen Verwunderung stellte Anja fest, daß sie sich nicht traute, Bewegung in den Raum zu bringen. Die Zeit kroch wie zäher Schleim.

Wogner öffnete den Tabaksbeutel und stopfte seine Pfeife. »Kaum je entstand Gutes, wenn die Differenz zwischen Frühgeschichte und Neuzeit eingezogen wurde. Die Kategorie der Rache gehört einem Denken an, das noch nicht sich emanzipiert hat vom Gedanken der Blutsbande. Hingegen entstammt der Begriff der Notwehr einer Zeit, in der das Subjekt die Ansprüche übermächtiger Lebenszusammenhänge von sich wies, um auf seine Einzelheit sich zu besinnen.«

Das Fauchen eines angerissenen Streichholzes ließ Anja zusammenzucken. Wogner paffte einige Züge aus seiner angezündeten Pfeife. Gern hätte sie jetzt selbst eine Zigarette geraucht. Es war im Zimmer zunehmend dämmrig geworden, durch das schmale Fenster schickte der verregnete Oktoberhimmel nur wenig Licht.

Wogner schien Anja zwischenzeitlich wieder vergessen zu haben, denn er fuhr leicht zusammen, als sie zu reden begann. »Sie sind also nicht bereit, meine Arbeit anzunehmen?«

Der Professor rückte seine Brille zurecht. »Unversöhnbar ist der objektive Antagonismus zwischen der Denkweise Rudolf Schreiners und einem Denken, das ich vertreten kann. Kein Segen wird darin liegen, eine Zusammenarbeit zu erzwingen, die von Anfang an als gewaltsam sich erkennen muß.«

Anja schwitzte unter ihrer Strumpfhose. Der Raum war völlig überheizt. »Sie halten mein Dissertationsthema für ungeeignet? Auch wenn man den Begriff der Notwehr erweitert und moderne Rachephänomene als ›geistige Notwehr‹ uminterpretiert?«

Wogner kratzte sich mit seiner zarten, faltigen Hand am Schädel. »Noch einmal muß ich betonen: Unversöhnte Gegensätze lassen nicht sich eskamotieren, indem Zuflucht bei der beliebigen Umdeutung von Begriffen gesucht wird. Solche Methode, selten frei von Hinterlist, bedeutet die unwiderrufliche Kapitulation einer jeglichen Philosophie, die es ernst meint.«

Anja sah, daß hier nicht mehr viel zu retten war. Die Bluse klebte ihr am Rücken. »Können Sie mir vielleicht wenigstens einen Kollegen empfehlen, der meine Arbeit annehmen würde?«

Wogner legte seine Hände wieder auf die Klaviertastatur und drückte stumm einige Tasten. »Nicht ist es meine Aufgabe, Studierenden die Orientierung abzunehmen, die selbst sie leisten müssen. Wer in die Philosophie sich begibt, muß seine Wege finden. Dennoch kann ich Ihnen nicht verschweigen, daß dieses Thema eine Verirrung darstellt, die nur philosophische Scharlatane akzeptieren werden. Kein ernsthafter Denker kann auf dergleichen Raisonnement sich einlassen.«

Anja wagte einen letzten Versuch. »Sie meinen also, daß auch Frau Professor Lux diese Arbeit ablehnen wird? An sie hätte ich nämlich als nächste gedacht.«

Hinrich Wogner streifte Anja mit ausdruckslosen Augen. »Hat es in der Öffentlichkeit dieses Institutes noch nicht sich herumgesprochen, daß auch Frau Lux tot ist?«

Anja gab sich keine sonderliche Mühe, überrascht zu wirken, denn Wogners Blick war inzwischen wieder auf das Klavier gesunken. Langsam spreizten sich seine Finger über den Tasten. Es erklangen die ersten unharmonischen Akkorde eines Stückes, das Anja nicht kannte und das vielleicht auch gar kein Stück war. Wogner hatte die Augen geschlossen. »Wer die Philosophie sucht, kommt in ihr um.«

Philosophische Brocken

Anja stieg die Treppe ins Foyer hinab. Auf das cremefarbene, zerschlissene Ledersofa, das frühere Fachschaftsgenerationen vom Sperrmüll geholt hatten, ließ sie sich fallen. Eigentlich hatte sie bereits genug für heute. Gern wäre sie nach Hause gefahren und hätte sich ins Bett gelegt.

Mißmutig steckte sich Anja die erste *Prince* des Tages an und knüllte die leere Schachtel zusammen. Wieso mischte sie sich überhaupt in diese ganze Angelegenheit hier ein? Sollten die Philosophen sich doch gegenseitig umbringen. Je mehr, desto besser. Was ging sie das an? Rebecca war tot, mit und ohne Mörder. War es nicht lächerlich, den Racheengel spielen zu wollen?

Durch die verregnete Glasfront hindurch ließ Anja ihren Blick auf Hektor ruhen. Die Wassertropfen perlten an seinem frischgewachsten Lack ab. Seine breiten Flanken strahlten Entschlossenheit und Stärke aus. Inmitten des Tabakqualms drängte sich der bittere Geschmack frisch getrockneten Blutes hervor, wurde der Zug am Filter zur Berührung papierner Lippen. Anja drückte mit einem Ruck ihre Zigarette an dem Bein eines kleinen Resopaltisches aus. Es gab keine Gründe weiterzumachen, nur ein flüchtiges Gefühl.

Um Viertel vor drei würde Maier-Abendroths vierstündiges Seminar »Die Polis neu denken« zu Ende sein. Anja blieben somit fast zwei Stunden Zeit, um sich auf ihren Auftritt bei Schreiners letztem Freund vorzubereiten.

Von der Wendeltreppe aus, die in die Bibliothek hinunterführte, konnte sie sehen, daß fast alle Tische belegt waren, wenn auch die meisten der dazugehörigen Studierenden gerade Mittagspause machten. Anja blieb eine Weile auf dem vorletzten Treppenabsatz stehen, um ihren Blick durch den großen Raum mit seinen Regalen und verstreut stehenden Tischchen schweifen zu lassen. Dank einer künstlichen Senkung des Geländes hinter dem Institut konnte man durch eine große Glasfront in einen kleinen Garten mit ebenfalls künstlich angelegtem Weiher schauen. Ein einsamer Schwan ließ sich auf dem Wasser treiben.

Vorbei an der Bibliotheksaufsicht – die auch in der Mittagspause war – ging Anja zu dem Katalog.

Maier-Abendroth mußte in den letzten Jahren wild publiziert haben, denn Anja zählte fünfzehn Karteikarten, auf denen oben links sein Name stand. Sie schrieb sich die Signaturen der beiden zuletzt erschienenen Titel auf: »Gedanken-Striche – Gesammelte Aphorismen«, Berlin neunzehnhundertzweiundneunzig, und »Arbeit an der Gemeinschaft – Gesammelte Aufsätze und Reden«, Frankfurt/Main neunzehnhundertdreiundneunzig.

Nachdem Anja wider Erwarten die beiden Bücher an ihrem ordnungsgemäßen Platz gefunden hatte, suchte sie sich einen freien Tisch im hinteren Teil der Bibliothek. Es war bestimmt schon länger als vier Jahre her, daß sie hier das letzte Mal gesessen hatte. Gegen Ende ihrer Studienzeit hatte sie es sich abgewöhnt, in der Bibliothek zu arbeiten.

Anjas Blick wanderte über die Tische in ihrer Umgebung. Links gab es einen Tisch, an dessen Rändern mindestens drei Viertel der *MEGA* – Marx-Engels-Gesamt-Ausgabe – als dreiseitiger Festungsring aufgestapelt waren. Auf dem wenigen Platz, der in der Mitte der Tischplatte freiblieb, lagen ein zerkauter Bleistift und mehrere Bögen unleserlich beschriebenen Ökopapiers – alle Anzeichen sprachen dafür, daß es sich hier um den Tisch eines kommunistischen Asketen handelte. Rechts von Anja war ein Tisch, auf dem sich außer einem dunkelblauen Füller und wenigen Blatt feinen, weißen Papiers gar nichts befand. Der Tisch mußte von einem genutzt werden, der hierherkam, nicht um Philosophie zu studieren, sondern um zu philosophieren. Wenig weiter saß ein Student der Mathematik oder Physik. Anja hatte nie verstanden, wieso die Philosophenbibliothek uniweit den Ruf genoß, ein besonders angenehmer Arbeitsort zu sein. Vielleicht lag es am Blick auf den Schwanensee.

Anja knipste das kleine Schreibtischlämpchen an und schlug als erstes die »Gedanken-Striche« auf. Es waren hauptsächlich Ein- und Zweizeiler, die geschmackvoll, mit großzügigen Zwischenräumen auf den Seiten arrangiert waren.

»Das Leben ist eine Sackgasse ohne Wendehammer. Am Ende steht immer der Tod.«

Anja beobachtete eine Weile den Schwan, der in dem kleinen Weiher seine Runden drehte. Sie blätterte weiter.

»Ausrufezeichen sind Fragezeichen, die sich entschlossen haben.«

Eine schwere Hand legte sich auf Anjas Schulter. »Mensch, ich glaub', ich spinne. Anja, daß man dich hier mal wieder sieht! Ich dachte, du hättest uns längst alle vergessen und würdest Schafe in Australien züchten.«

Nun war es also doch passiert. Anja drehte sich vorsichtig um. Schräg hinter ihr stand ein ehemaliger Kommilitone, dessen Namen sie vergessen hatte, und von dem sie nur noch wußte, daß sie in einem Proseminar vor ewigen Zeiten mal ein Referat zusammen gehalten hatten. Es war eine ziemliche Katastrophe gewesen. »Ich glaube, du verwechselst mich da mit jemandem. Ich bin nämlich heute das erste Mal in diesem Institut.«

Der Kommilitone legte die Stirn in Falten und kratzte sich an seinem Vollbart. »Das ist jetzt aber merkwürdig. Du bist wirklich nicht Anja Abakowitz? Ich hätte schwören können, daß du es bist.«

»Tja, das wär 'n Meineid geworden.«

Der Mathematiker, der sich durch die Konversation in seinen Gedankenkreisen gestört fühlte, schickte strenge Blicke zu den Ruhestörern. Der Vollbärtige trat den Rückzug an. »Ja, dann muß ich mich wohl geirrt haben. Tut mir leid.«

Er kehrte zu seinem Tisch zurück, auf dem sich einige Bände Heidegger den Platz mit einer roten Thermoskanne aus Plastik, zwei Packungen Taschentüchern und mehreren Stullen in Butterbrotpapier teilten.

Anja wandte sich wieder dem Buch vor ihr zu.

»Das Selbst entwickelt sich in einer Dunkelkammer.«

Der Schwan hatte den Kopf unter dem rechten Flügel versteckt. Offensichtlich war es ihm zu naß geworden da draußen.

Der vollbärtige Kommilitone blickte von Zeit zu

Zeit zu Anja herüber, während er nachdenklich an einem seiner Butterbrote kaute. Soweit Anja es riechen konnte, handelte es sich um ein Brot mit demselben Käse, der die Grundlage für Ulfs »Handkäs' mit Musik« bildete.

Die kommunistische Trutzburg war immer noch verwaist, der Denker ohne Bücher war dagegen an seinen Platz zurückgekehrt und rückte das Blätterbündel vor sich zum wiederholten Male zurecht. An einem anderen Tisch, unweit von dem Anjas, schlief jemand, vornüber auf die Tischplatte gekippt, den Kopf auf die angewinkelten Arme gelegt. Da er auf dem Buch lag, in welchem er vorher gelesen hatte, konnte Anja nicht erkennen, welche Lektüre ihn so sanft hatte entschlummern lassen.

»Auch die Menschheit ist letztlich allein.«

Anja klappte mit spitzen Fingern die »Gedanken-Striche« zu, dieser existentialistische Exhibitionismus hatte sie schon immer angeekelt.

Am Tisch des Puristen erklangen die leisen Kratzlaute einer Füllerspitze, die stockend übers Papier geführt wird.

Ohne besondere Neugier wandte sich Anja nach dem abgründigen Selbst Maier-Abendroths seinem öffentlichen zu. Das Vorwort verriet ihr, daß hier zum ersten Mal alle wichtigen politischen Reden und Aufsätze dieses bedeutenden Denkers versammelt seien. Anja beschloß, sich die Rede »Das Problem der Homosexualität in der Antike und heute« vorzunehmen, gehalten am fünften Dezember neunzehnhundertzweiundneunzig im Rahmen des Symposiums »Gemeinschaft und Homosexualität«, veranstaltet von der Konrad-Adenauer-Stiftung in Bonn.

»Sehr geehrte Damen und Herren, liebe Kolleginnen und Kollegen, liebe Stipendiaten! Es ist weithin bekannt, daß wir Kommunitaristen – wir Verfechter der starken Gemeinschaft – eine Rückbesinnung auf die Werte der Vormoderne für unumgänglich halten. Aus dem Zustand, in welchem sich die westlichen Gesellschaften am Ende des zwanzigsten Jahrhunderts befinden, können wir nur die eine Einsicht gewinnen: das Projekt der Moderne ist gescheitert. Zerrüttete Familien, wachsende Jugendkriminalität, psychische Deformationen des modernen Subjekts: das ist die Ernte, die mit der Aufklärung gesät wurde und nun eingebracht wird. Die Zertrümmerung aller traditionellen Werte, aller geordneten Hierarchien hat den Menschen nicht in die Freiheit entlassen, sondern in das Chaos. Not tut ein neuerlicher Wertewandel, und zwar ein Wandel zurück zu den Werten.«

Der Schwan war aus dem Weiher verschwunden. Nur noch der Regen tropfte seine Kreise auf die Wasseroberfläche. Der asketische Kommunist war immer noch nicht an seinen Arbeitsplatz zurückgekehrt.

»Seit nunmehr über zweihundert Jahren hören wir, daß den Staat, die Öffentlichkeit, der private Lebenswandel des Einzelnen nichts angeht. Dies ist ein Irrtum. Der Umstand, daß selbst die Randgruppen der Gesellschaft sich nicht damit begnügen, ihren Sonderneigungen im Privaten nachzugehen, sondern mit ihnen in die öffentliche Sphäre drängen, beweist, daß Privatheit eine Schimäre ist, an die nicht einmal diejenigen glauben, die diesen Begriff strapazieren. Ich frage: Geht es die Öffentlichkeit nichts an, wenn Homosexuelle in Aufmärschen durch unsere Städte ziehen, wenn gleichgeschlechtliche Paare die Standesämter belagern, wenn unsere Kinder tagtäglich in Schulen, Bussen und auf Straßen in Versuchung geführt werden? Muß dies die Öffentlichkeit schweigend dulden? Ich sage: nein. Wenn die Gesellschaft herausgefordert wird, hat sie nicht nur das Recht, sondern sogar die Pflicht, mit aller Deutlichkeit Stellung zu beziehen. Öffentliche Provokationen verlangen nach öffentlichen Antworten.«

Anja verfolgte mehrere Regentropfen, die vor ihr an der Fensterscheibe hinunterkrochen.

»Die Liste der Abirrungen des modernen Subjekts ist lang, doch sind wir hier zusammengekommen, um ein spezielles Problem zu erörtern: das bereits genannte Problem der Homosexualität. Ich höre immer wieder Stimmen, die sich wundern, daß wir Kommunitaristen, die wir die antiken Lebensformen ehren, die sogenannte ›Männerliebe‹ ablehnen. Doch diese Verwunderung ist naiv. Selbstverständlich können wir heute nicht einfach zu einem Modell des klassischen antiken Lebens zurückkehren. Zweitausend Jahre Christentum haben uns zu entscheidend geprägt, als daß uns dieser Weg möglich wäre. Wir müssen die Antike im Geiste des Christentums reformulieren, antikes Gemeinschaftsethos und christliche Morallehre zusammendenken.«

Anja schrak hoch. Etwas war vor ihr gegen die Fensterscheibe geknallt. Aus unmittelbarer Nähe, nur durch das Glas von ihr getrennt, blitzten sie zwei stechende, schwarze Schwanenaugen an.

Für-Andere-Sein

Auf Anjas Klopfen antwortete ein ungnädiges, leicht nasales »Ja, bitte«. Maier-Abendroth saß mit übereinandergeschlagenen Beinen, in grauer Cordhose und weinrotem Kaschmirpullover an seinem Schreibtisch. Als Anja die Tür öffnete, machte er mit seinem Oberkörper eine angedeutete Achteldrehung in ihre Richtung, musterte sie flüchtig über seine Lesebrille hinweg und drehte sich wieder zurück. »Ich habe jetzt keine Sprechstunde. Lassen Sie sich nebenan bei meiner Sekretärin einen Termin geben.«

Seine Rede begleitete Maier-Abendroth mit einer Handbewegung, mit der man Ungeziefer verscheucht. Im Raum hing der penetrante Geruch von *Davidoff*.

»Mein Name ist Anna Sommer. Ich bin Journalistin bei der *Wochenpost* und plane, dort ein Portrait über Sie zu schreiben.«

Diesmal machte Maier-Abendroth eine richtige Halbdrehung samt seines Stuhls, süßliches Lächeln breitete sich – ausgehend von den spitzen Mundwinkeln – über sein Gesicht. »Ja, das ist selbstverständlich etwas anderes. Entschuldigen Sie den etwas schroffen Empfang, Frau –«

»Sommer«

»Frau Sommer, aber die Studenten rennen einem hier ununterbrochen die Tür ein, wenn man sich nicht dagegen wehrt. – Sie verstehen schon.« Mit einem kurzen Hüsteln, das auch ein gezwungenes Lachen sein konnte, stand Maier-Abendroth auf und ging Anja mit ausgestreckter Hand entgegen, um sie mit einem kräftigen Händedruck zu begrüßen. »Aber nehmen Sie doch bitte Platz, Frau Sommer!«

Anja setzte sich in einen der Institutssessel, die auch in Rebeccas Zimmer rumgestanden hatten.

»Darf ich Ihnen vielleicht einen Kaffee anbieten, meine Sekretärin kann sofort welchen machen.«

»Nein danke, ich habe nicht viel Zeit. Stört es Sie, wenn ich rauche?«

Anja riß die Cellophanhülle einer neuen Packung *Prince Denmark* auf. Sie verspürte das dringende Bedürfnis, Maier-Abendroths Duftmarke etwas entgegenzuhalten.

»Aber nein, natürlich nicht, meine Sekretärin soll Ihnen nur schnell einen Aschenbecher bringen. Ich selber habe mir nämlich das Rauchen abgewöhnt.« Auf italienischen Ledersohlen eilte Maier-Abendroth zu der Verbindungstür zum Nebenzimmer. »Frau Schreiber, einen Aschenbecher bitte!«

Anja hatte bereits die ersten Züge geraucht, als die Sekretärin mit einem handgetöpferten Tonaschenbecher in Maier-Abendroths Zimmer kam. Behutsam zog Frau Schreiber die Tür wieder hinter sich zu, nachdem sie den Aschenbecher vor Anja auf den Couchtisch gestellt hatte.

»Womit kann ich Ihnen dienen, Frau Sommer?« Maier-Abendroth setzte sich Anja gegenüber. Er warf leicht den Kopf zurück, wobei er mit der rechten Hand eine elegante Bewegung durch seine silbermelierte, in weicher Welle zurückgekämmte Haarmähne machte.

»Ich plane eine Reihe, in der bedeutende westdeutsche Philosophen unseren Mitbürgern in den neuen Bundesländern vorgestellt werden sollen. Es handelt sich um ganzseitige Portraits mit Interview, in denen der jeweilige Philosoph als Wissenschaftler, aber auch der Mensch dahinter betrachtet werden soll. Wie Sie sich denken können, besteht aufgrund der derzeitigen Orientierungsdefizite im Osten ein starkes Interesse gerade an politischer Philosophie. Deshalb dachte ich mir, daß es sinnvoll wäre, mit Ihnen – dem wichtigsten deutschen Vertreter des Kommunitarismus als der einflußreichsten zeitgenössischen Gesellschaftstheorie – zu beginnen. Ursprünglich hatte ich die Reihe anders aufziehen und mit einem Portrait von Rebecca Lux eröffnen wollen, aber das ist ja nun leider nurmehr in Form eines Nachrufs möglich.«

Die Lesebrille auf der Adlernase sackte etwas tiefer, das Lächeln auf Maier-Abendroths Wellblechlippen spielte ins Süß-Säuerliche. Anja ignorierte es. »Ich habe heute im *Tagesspiegel* gelesen, daß die Polizei annimmt, Frau Lux habe erst Rudolf Schreiner und dann sich selbst umgebracht. Was halten Sie von dieser Theorie?«

Maier-Abendroth setzte sich mit einem leichten Hüsteln gerade und legte die Fingerspitzen aneinander. »Nun, ich stimme mit den Annahmen der Polizei vollständig überein. Rebecca Lux war eine unzufriedene Frau. Ich denke, sie hat in den letzten Jahren mehr und mehr gespürt, was sie in ihrem Leben alles versäumt hat. Familie, Kinder, all das, was uns sonst Glück und Ausgeglichenheit schenkt, hat Frau Lux zugunsten ihres Karrierestrebens systematisch aus ihrem Leben verbannt. Und zu welchen Verzweiflungstaten unerfüllte Frauen imstande sind, zeigt uns ja die blutige

Geschichte von Klytämnestra über Judith bis hin zu diesen RAF-Terroristinnen.«

Anja zog tiefer an ihrer *Prince* und stieß den Rauch langsam durch die Nasenlöcher wieder aus. »Halten Sie mich auch für unerfüllt, Herr Maier-Abendroth?«

Maier-Abendroth machte eine leicht seitwärts gerichtete Kopfbewegung, die offensichtlich galant gemeint war. »Aber Frau Sommer, bereits Ihr ganzes Auftreten ist gar nicht mit dem dieser verhärmten Frau zu vergleichen. Sie sind doch eine strahlende Erscheinung.«

Anja verschluckte sich an ihrem Zigarettenrauch. Sie versuchte, den Husten, so gut es ging, zu unterdrükken. Sollte Maier-Abendroth auf die Idee kommen, ihr den Rücken zu klopfen, würde ein Unglück passieren. Mit leicht gerötetem Kopf bemühte sich Anja, die Konversation wieder aufzunehmen. »Haben Sie Rudolf Schreiner gut gekannt?«

Maier-Abendroth lehnte sich zurück. »Rudolf Schreiner war ein großartiger Mensch. Wie alle genialischen Menschen war er allerdings nicht immer einfach im Umgang. Für ihn war Denken Leidenschaft. Das bedeutete eine Kompromißlosigkeit, die manche der Kollegen hier vielleicht verstört haben mag.«

Anja hatte ihre Lunge inzwischen wieder einigermaßen beruhigt. »Ich habe gehört, er hätte in letzter Zeit am Institut eine Menge Schwierigkeiten gehabt.«

»Wissen Sie, an einem Philosophischen Institut, wo viele starke Persönlichkeiten tagtäglich aufeinanderprallen, gibt es immer Differenzen. Ich denke allerdings, daß eine solche Streitkultur unerläßlich ist für fruchtbares geistiges Arbeiten. Die agonale Dimension der Philosophie kann gar nicht hoch genug eingeschätzt werden.« Mit energischer Handbewegung strich Maier-Abendroth eine silbergraue Strähne, die ihm in die Stirn gefallen war, zurück.

Anja drückte ihre Zigarette in dem tönernen Aschenbecher aus. »Um auf mein eigentliches Anliegen zurückzukommen, wann wäre es Ihnen denn recht, sich zu einem Gespräch mit mir zu treffen?«

Maier-Abendroth streckte seine übereinandergeschlagenen Beine seitlich neben dem Couchtisch aus. »Falls es Ihnen nichts ausmacht, wäre es mir am liebsten, wenn wir uns in meinem Wochenendhaus bei Lübbenau treffen könnten. Zum Schreiben ziehe ich mich immer dorthin zurück. Wenn man eine fünfköpfige Familie hat, ist es einem nicht so ohne weiteres möglich, zu Hause ungestört zu arbeiten – Sie verstehen, was ich meine.«

Anja glaubte, ziemlich genau zu verstehen. »Selbstverständlich bin ich damit einverstanden. Für das Portrait ist es sogar gut, wenn ich Sie am Ort Ihres Wirkens beobachten kann.«

Maier-Abendroth zeigte Anja zwei Reihen blendend weißer Zähne. Sie fragte sich, ob es schon die dritten waren.

»Das freut mich, Frau Sommer. Die Spreewaldgegend liegt mir nämlich besonders am Herzen. Die nahezu unverfälscht erhaltene sorbische Kultur stellt – zumindest in unseren Landen – die letzte intakte Kleingemeinschaft dar. Ich habe dort einige sehr wichtige Anregungen für meine kommunitaristischen Studien erhalten.«

Anja vermutete, daß es im Spreewald zumindest keine Schwulen gab. Sie ließ sich die genaue Adresse geben.

»Wäre Ihnen Samstag nachmittag recht? Ich würde so gegen vier vorbeikommen.«

»Sechzehn Uhr paßt mir ganz ausgezeichnet, Frau Sommer.«

Anja stand auf. »Dann auf Wiedersehen bis Samstag, Herr Maier-Abendroth.«

Sie verließ das Zimmer, bevor Maier-Abendroth zu einem weiteren warmen Händedruck aufspringen konnte.

Strukturwandel der Öffentlichkeit

Obwohl es für den Berliner Hochbetrieb noch zu früh war, glich die Nachtbar »Moskau« bereits einer Hexenküche, als sich Anja um kurz nach zehn an dem Vorraum und den Toiletten vorbei in den großen, flachen Raum schob. Eine Welle aus hart rhythmisiertem Techno-Lärm und dem Dunst erhitzter Menschenmassen brandete ihr entgegen. Anja blieb einen Moment stehen und schloß die Augen. Sie ließ sich vom Sog des Raumes erfassen, einzelne spitze Laute begannen, aus der Klangmauer herauszustechen, der Einheitsdunst zerfächerte sich in verschiedene Gerüche, die stärker wurden, sich mit anderen überlagerten und wieder verschwanden. Die gleißenden, rasch zuckenden Lichtblitze schossen ihre Leuchtspuren unter Anjas geschlossene Augenlider. Sie fühlte, wie Rebecca, Schreiner und das Institut zu Staub zerstampft wurden.

Als Anja die Augen wieder öffnete, fand sie sich unmittelbar vor einer Sitzbank mit roten Kunstlederbezügen. Sie ließ sich fallen. Es dauerte, bis sie in dem Chaos aus Licht und Bewegung Konturen ausmachen konnte. Das vom Licht-Staccato zerhackte Gewühl aus nackten Armen, Glatzen und schwarzen Lederhosen setzte sich vor ihr zu zwei Körpern zusammen. Sie schienen miteinander verwachsen, bis ein Paar üppiger Arschbacken in schwarzledernen Hot pants sich zwischen sie drängte. Anja verfolgte die Arschbacken nach unten, über die feisten, in schwarze Nylonstrumpfhosen gehüllten Oberschenkel bis zu den High Heels mit goldenen Absatzspitzen hinab. Aus einer Kehle irgendwo weiter oben perlten unablässig dunkle Lachsalven, eine künstliche blonde Lockenmähne wurde Anja mehrmals ins Gesicht geworfen. Von Susanna war weit und breit nichts zu sehen, aber das sagte nichts. Susanna war klein und zierlich.

Um den beginnenden Trancezustand zu verscheuchen, schüttelte sich Anja einmal kurz, dann stand sie auf und kämpfte sich zur Bar durch. Dort bestellte sie ein Bier. Sie verfolgte mit gedämpfter Aufmerksamkeit das gemäßigtere Treiben im hinteren Teil des Raumes. Die kleinen roten Stehlampen verbreiteten kein Licht. Niedrige Messinggeländer schnörkelten sich durch den Raum. An drei der flachen runden Tische saßen kahlgeschorene Mädels in Bomberjacken und Springerstiefeln, im Anblick ihrer Bierflaschen versunken. Auf roten Kunstledersesseln und -sofas räkelten sich gepiercte Jungs mit nackten Oberkörpern, Ringen durch die Brustwarzen und Druckknöpfen in den Augenbrauen. An einem Messinggeländer in Anjas Nähe lehnte mit schmachtendem Blick eine blasse Göre im schwarzen Spitzenpulli. Anja konnte diese Pseudolesben, die sich von irgendeiner Frauenzeitschrift hatten erzählen lassen, daß lesbisch jetzt in sei, auf den Tod nicht ausstehen. Für einen Moment zog sie eine Blitzvergewaltigung auf dem Damenklo in Erwägung. Gewöhnlich reichten bereits zehn kräftige, geübte Finger aus, um diese *Brigitte*-Lesben wieder in die Betten ihrer braven Jungs zurückzutreiben. Aber es hätte ihr heute keinen Spaß gemacht.

Von Susanna war immer noch nichts zu sehen, dafür

entdeckte Anja an einem Ecktischchen Ulf mit seinem Badegast. Sie hätte sich denken können, daß die beiden die schwul-lesbische Neueröffnung dieser ehemaligen Stasi-Luxus-Schenke nicht auslassen würden. Ulf hatte Anja ebenfalls gesichtet und bedeutete ihr durch wildes Rudern mit den Armen, daß sie herkommen solle. Im hinteren Teil der Bar wurde der Lärm etwas schwächer, und kaum hatte sie sich in Rufnähe zu den beiden vorgearbeitet, quiekte Ulf auch schon aufgeregt los. »Anja, rat' mal, wer heut' nachmittag für dich da war. Da kommst du nie drauf.«

Sie ließ sich in den roten Sessel neben Peer fallen, der sie mit einem freundlichen Kopfnicken begrüßte, so als ob es nie einen morgendlichen Zwischenfall mit Badewanne gegeben hätte. »Honecker?«

»Quatsch«, Ulf legte eine triumphale Kunstpause ein. »Die Bullen. Die haben gesagt, du wärst heut' nicht zur Aussage erschienen.«

In den hinteren Regionen von Anjas Gehirn begann etwas, sich zu erinnern. »Und? Haben sie sonst noch was gesagt?«

Ulf setzte eine wichtige Miene auf und schob den Brustkasten nach vorne. »Du sollst morgen um neun Uhr freiwillig zu ihnen kommen, ansonsten holen sie dich gewaltsam.«

Anja nahm einen tiefen Schluck aus der Bierflasche. Ulfs aufgeregte Stimme summte in ihren Ohren. »Anja, ich finde, es wird Zeit, daß du uns endlich darüber aufklärst, was hier gespielt wird. Schließlich habe ich seit heute indirekt mit dem Fall zu tun.«

Anja fragte sich, in welchem billigen Vorabend-Krimi Ulf diesen Satz aufgeschnappt hatte. Abwesend begann sie, mit dem kleinen Finger in dem Hals ihrer

Bierflasche zu spielen. Sie wußte, daß dies eine ungute Angewohnheit war. Das letzte Mal, daß sie sich mit einem unauffälligen, aber kräftigen Schlag an die Tischkante von einer Flasche hatte befreien müssen, war noch nicht allzu lange her, aber das Glas war angenehm glatt und kühl. Anja schloß einen Moment die Augen. Sie spürte, wie die Bässe der Musik in ihren Knochen vibrierten. »Meine Güte, was soll schon sein. Es ist alles halb so spannend. Ich hab' mir heute zwei Philos vorgenommen. Schreiners Feind hat mich für eine philosophische Hochstaplerin gehalten, und Schreiners Freund will demnächst die Polis aller aufrechten Christen ausrufen. Weiter ist nichts passiert.«

»Wer waren denn die zwei?«

Anja ließ eine leere Packung *Prince Denmark* auf das Tischchen fallen. »Hat einer 'ne Zigarette für mich?«

Peer schob Anja seine Packung Marlboros hin, und Anja bediente sich, wenngleich sie dieses Schwulen-Kraut im Grunde nicht ertragen konnte. Nachdem Peer ihr auch noch Feuer gegeben hatte, inhalierte sie einige halbherzige Züge. »Tu doch nicht so, als ob du irgendwas damit anfangen könntest, wenn ich dir die Namen von Philos nenne.«

»Wieso? Schließlich hab' ich auch mal studiert.«

Anja verzog spöttisch die Mundwinkel. »Ich glaub', Studium fängt erst an, wenn man es länger als vier Wochen durchhält. Wie oft warst du bei den Kunstfritzen? Fünf Mal, sechs Mal?«

Ulf zog eine beleidigte Schnute. »Du brauchst gar nicht so überheblich tun, 'n Abschluß hast du ja auch nicht.«

Anja wandte sich wieder dem Hals ihrer mittlerweile leeren Bierflasche zu. Das Glas hatte sich auf Körpertemperatur erwärmt. »Also wenn's dich glücklich macht ... Zuerst war ich bei Wogner. Der hat zwar fast 'nen Herzinfarkt gekriegt, als ich den Namen Schreiner bloß erwähnt habe, aber ich denke, er ist zu klapprig, um jemanden zu zerlegen. Alleine kann es der sicher nicht gewesen sein.«

Ulf hatte sich in entspannte Zuhörerhaltung begeben und lehnte mit Schlafzimmerblick an Peers Schulter. Anja registrierte, daß sie Peers rechte Hand schon seit längerem nicht mehr gesehen hatte. »Am Nachmittag war ich bei Willi Maier-Abendroth. War angeblich der einzige Freund, den Schreiner an diesem Institut noch gehabt hat. Ich frage mich nur, ob der weiß, daß Schreiner schwul war. Er ist nämlich der festen Überzeugung, daß sich die Gesellschaft nun endlich gegen homosexuell Verirrte wehren sollte.«

Ulf kuschelte sich weiter an Peers Achsel. »Wenn die Philosophen nichts zu tun haben, als sich so 'nen Quatsch auszudenken, dann –, dann –« Offensichtlich fiel ihm gerade nicht ein, was dann wäre, deshalb griff er nach seiner leeren Bierflasche und trank einen selbstbewußten Schluck.

Anja lehnte sich in ihrem Sessel zurück. Sie fand, daß Susanna jetzt langsam kommen könnte, es war bestimmt schon zwanzig nach zehn oder halb elf, und das Gefummel der beiden hier begann, sie ernsthaft nervös zu machen.

Während Peers linke Hand ebenfalls unter dem Tisch verschwand, widmete sich sein Mund Ulfs Ohrläppchen. Mit dem gewissen zerfließenden Schmelz in der Stimme wandte sich Ulf wieder an Anja. »Ja und, was is' mit diesem Maier-Abendroth sonst so los?«

»Ulf, deine Fragerei nervt. Könntest du vielleicht mal fünf Minuten die Klappe halten?«

Während dieser seinen schönsten Schmollmund aufsetzte, ließ Peer sein Ohrläppchen wieder los. »Sag mal, dieser Maier-Abendroth ist nicht zufällig schwul?«

Anja schickte einen abfälligen Blick über ihre Bierflasche. »Tut mir leid, Jungs, aber ich fürchte, ihr müßt damit leben, daß nicht alle Männer schwul sind. Außerdem hab ich doch erzählt, daß Maier-Abendroth ein Homo-Hasser ist.«

Endlich tauchten Peers Hände auf dem Tisch auf. »Na dann ist es halt ein komischer Zufall. Ich bin mir nämlich ziemlich sicher, daß der letzte Lover von Rudi Willi hieß. Dein Philosophen-Willi is' nicht zufällig ein ziemlich großer Typ mit weißer Mähne, der aussieht wie 'n schlechter Beethoven?«

Anja ließ ihre leere Bierflasche fallen. »Sagt mal, seid ihr denn alle übergeschnappt? Erst erzählt mir Ulf, daß Schreiner in seinem Zweitleben ›weicher Rudi‹ hieß, und jetzt willst du mir weismachen, daß Maier-Abendroth wahrscheinlich der ›silberne Willi‹ ist?«

Ulf stützte trotzig sein Kinn auf die Faust. »Also, ich weiß ganz sicher, daß dieser Prof da, Schreiner, schwul war. Wenn er nicht schwul gewesen wär', würd' ich ihn ja gar nicht kennen. Und wenn Peer dir sagt, daß der andere auch schwul ist, dann wird das schon stimmen. Ich selber hab Rudi zwar noch nie mit so 'nem –«

Ulfs Redefluß wurde von Peers kräftigen Lippen abgeschnitten.

Als Ulf wieder unter Peer auftauchte, hatte sich ein kleiner roter Fleck auf seiner Unterlippe ausgebreitet. Während Ulf sich unauffällig mit der Zungenspitze das

Blut von der Lippe leckte, spielten Peers linker Zeige- und Mittelfinger mit einem Stück von seiner Wange. »Laß doch diese alberne Geschichte. Willst du uns nicht lieber Bier holen? Geht auf meine Rechnung.«

Ulf legte den Kopf schief und erwiderte Peers stahlblauen Blick mit einem blaugrünen Augenaufschlag. »Na gut, aber nur, weil du es bist.« Er verschwand mit dem Zwanziger, den Peer auf den Tisch gelegt hatte, in Richtung Bar.

Anja drückte ihre Zigarette aus. »Du bist dir sicher, daß Schreiner was mit so 'nem Kerl gehabt hat? Die Beschreibung paßt nämlich schon auf Maier-Abendroth.«

»Wenn's dich wirklich interessiert, kann ich mich noch mal genauer umhören.« Peer steckte sich eine Zigarette an.

Anja vermutete, daß der Gedanke, die Institutsmorde könnten ihre Wurzel in einer schwulen Kiste zwischen Schreiner und Maier-Abendroth haben, sie morgen mit Gefallen erfüllen würde. Für heute wollte sie nicht weiter darüber nachdenken. Da von Susanna immer noch nichts zu sehen war, hob sie ihre zu Boden gefallene Bierflasche auf.

»Is' Mörderjagd schon länger dein Hobby?«

»Was? Nein. – Es ist nur – eine Freundin wurde umgebracht.«

Peer legte seinen Kopf in den Nacken und bewegte die verqualmte Luft über ihm mit einigen langsam ausgestoßenen Rauchkringeln. »Schau, schau, man gestattet sich Sentimentalitäten.«

Anja wandte sich abrupt ab. Eine neue Lärmwelle brandete ihr entgegen. Schwüle Hitze zog sich um sie herum zusammen. Sentimentalitäten. Diese Tunte war die allerletzte, der es zukam, über sie zu urteilen.

Die entfernten Lichtblitze stießen Anja ins Hirn. Aus dem zuckenden Helldunkel, das sie überflutete, tauchte ein grell geschminktes Gesicht mit pathetisch schwarz umrandeten Augen und blutroten Lippen auf. Das Gesicht kam näher.

Susanna begrüßte ihre Freundin mit einem flüchtigen Kuß, dann ließ sie sich in den Sessel neben ihr fallen. »Ich dachte, wir treffen uns alleine.«

»Wir sind auch gleich alleine. Ich wollte nämlich gerade gehen.«

Susanna sprang wieder auf und stützte ihre Hände mit den langen blutroten Fingernägeln in die Hüften. »Sag mal, hast du se noch alle? Ich schmeiß' mich in Schale, ich hetz' mich von der Probe hierher, und du erzählst mir, du bist gerade am Gehen? Wenn du mich nicht sehen willst, dann überleg dir das in Zukunft vorher! Ich hab' die Schnauze voll von deinen egoistischen Launen!«

Susannas schriller Sopran, der selbst das Stampfen aus den Lautsprecherboxen überlagerte, schmerzte Anja in den Ohren. »Natürlich will ich dich sehen. Aber nicht hier.«

»Und warum nicht? Schließlich haben wir uns hier verabredet, um 'nen netten Abend zu verbringen. Ich will mich amüsieren, ich will tanzen.«

Anja stand auf, legte ihre beiden Hände auf Susannas zarten Arsch und zog sie mit einem Ruck an sich heran. »Laß uns zu dir fahren. Alleine amüsieren wir uns besser.«

Der lange Donnerstag war noch nicht zu Ende.

Speculum de l'autre femme

Leise vor sich hinsummend trat Susanna aus ihrem Haus Prinzessinnenstraße sieben auf den Bürgersteig und blinzelte in eine strahlende Oktobersonne. Seit Tagen war dies der erste schöne Morgen. Sie hatte heute vormittag keine Probe, so daß sie Anja den Gefallen tun konnte, den sie vorhin von ihr verlangt hatte. Die letzte Nacht hatte sie mit ihrer Freundin wieder versöhnt. Denn je schlechter diese Frau gelaunt war, desto besser war sie im Bett.

Von dem kleinen grünen Zettel, der unter dem Scheibenwischer ihres Fiat Uno klemmte, ließ sich Susanna ihre Hochstimmung nicht verderben. Sie knüllte ihn zusammen und warf ihn in den Rinnstein. Die erste Mahnung würde sie in diesem Jahr ohnehin nicht mehr erreichen, ob eine zweite kam, war fraglich. Nach längerem Stottern entschied sich ihr Fiat anzuspringen, und Susanna fuhr vom Bürgersteig auf die Straße.

Zu Petra Uhse war es nicht allzu weit, wenn ihre alte Adresse noch stimmte, wohnte sie in Schöneberg. Während Susanna das Reichpietschufer entlangfuhr, überlegte sie, was sie Petra erzählen würde. Anja hatte ihr nur gesagt, sie solle so viel wie möglich über deren Verhältnis zu Schreiner und wenn möglich auch zur Lux herausbekommen. Susanna verstand zwar nicht, wieso sich Anja dafür interessierte, und warum sie nicht selbst zu Petra fuhr, aber Anja war heute morgen nicht dazu aufgelegt gewesen, ihr Näheres mitzuteilen.

Es war kurz vor elf, als Susanna die Motzstraße dreizehn erreichte. Die Haustür war abgeschlossen, deshalb klingelte sie bei »Dr. B. Müller / Dr. P. Uhse«.

Zu ihren Studienzeiten hatte Susanna das eine oder andere Seminar besucht, das Petra Uhse damals noch als »Wissenschaftliche Mitarbeiterin« veranstaltet hatte, später hatte sie Petra zu einigen ihrer Konzerte oder Premieren eingeladen. Ihr bisheriges Verhältnis ließ es somit nicht unbedingt erwarten, daß Susanna sich in ihrer tiefsten Verzweiflung an sie wenden würde, aber Susanna vermutete, daß die Frauensolidarität es Petra verbat, sich darüber zu wundern, daß gleich welche Frau mit männlich verursachtem Kummer zu ihr kam.

Aus der Sprechanlage neben der Klingel meldete sich die mürrische Stimme von Petras Mitbewohnerin. »Ja bitte?«

»Ich möchte zu Petra.«

»Petra ist nicht da. Ich weiß auch nicht, ob sie noch mal nach Hause kommt oder ob sie schon in der Uni ist. Bist du mit ihr verabredet?«

In Vorbereitung ihrer verzweifelten Lage schlug Susanna eine hysterischere Tonart an. »Ich muß aber unbedingt mit Petra reden.«

Bevor die Sprechanlage etwas erwidern konnte, ertönte hinter Susanna eine ihr bekannte, leicht gepreßt klingende Frauenstimme. »Na so was, Susanna. Was treibt dich denn hierher?«

Mißbilligend stellte die Sängerin fest, daß Petra immer noch nichts zur Verbesserung ihrer Sprechtechnik getan hatte, aber jetzt konnte sie sich darum auch nicht kümmern. Statt dessen drehte sie sich um und warf sich der schätzungsweise fünfzehn Zentimeter größeren Frau an den Hals. »Petra, Gott sei Dank, daß ich dich treffe. Ich bin völlig am Ende mit den Nerven. Du mußt mir helfen.« Um Susannas Mundwinkel herum begann es zu zucken, hinter ihren Augen schimmerte es feucht.

Uhse blickte überrascht auf ihre ehemalige Studentin herab. »Meine Güte, was ist denn passiert?«

In weit ausholender Geste schlug Susanna sich die rechte Hand vor die Augen. »Nein, ich kann unmöglich auf der Straße mit dir darüber reden. Es ist so schrecklich.« Unter der Hand rollte eine erste Träne hervor.

»Na, dann laß uns doch erst mal nach oben gehen.« Petra schob die inzwischen von Weinkrämpfen geschüttelte Susanna in den Hauseingang. »Sekunde, ich muß gerade noch nach der Post sehen.« Der Briefkasten war leer, mit einem leichten Knall stieß Petra das Metalltürchen wieder zu.

Regelmäßig schniefend stieg Susanna hinter Uhse nach oben. Sie beglückwünschte sich einmal mehr zu ihrer Begabung, in allen Situationen heulen zu können. Schon ihren Eltern gegenüber oder in der Schule war ein geschickt eingesetzter Heulanfall immer ein wirksames Mittel gewesen.

Als sie im vierten Stock ankamen, war Petra Uhse weit heftiger außer Atem als Susanna, obwohl sie keinen zusätzlichen Atem fürs Schluchzen verbrauchte. Petra schloß die Wohnungstür auf, führte die aufgelöste Frau durch den sonnengelb gestrichenen Flur in das hinterste Zimmer und bugsierte sie dort auf ein Sofa mit weinrot geblümtem Stoffbezug. Sie selbst setzte sich neben Susanna, nachdem sie ihre Aktentasche und ihren hellen Herbstmantel auf einem mit demselben Stoff bezogenen Sessel abgelegt hatte.

Susanna schluchzte etwas weniger, während sie durch eine Stechpalme hindurch in den immer noch strahlenden Herbsthimmel sah.

Uhse schien zu überlegen, ob es angebracht war, den Arm um Susanna zu legen. Letztendlich ließ sie es. »Willst du mir jetzt nicht verraten, was passiert ist?«

Susanna wandte ihren verheulten, glasigen Blick vom Fenster zu der Frau neben ihr. »Oh Petra, es ist so furchtbar.«

»Auch wenn es dir schwerfällt, du mußt mit mir darüber reden. Probleme lassen sich nur lösen, indem man mit jemandem vernünftig darüber redet.«

Dankbar blickte Susanna zu Uhse auf. »Du hast ja so recht, aber –« Eine Tränenflut spülte den restlichen Satz hinweg. Susanna suchte in ihrer Jackentasche demonstrativ nach einem Taschentuch.

Uhse stand auf, um ein Päckchen vom Schreibtisch zu holen. Ihre Lippen begannen, sich in leichter Ungeduld zusammenzuziehen.

»Ach Petra, ich bin so verzweifelt, ich weiß gar nicht, wie ich anfangen soll.«

Da auf dem Schreibtisch keine Taschentücher zu finden waren, zog Uhse verschiedene Schubladen auf, die sie geräuschvoll wieder schloß.

Susanna zog noch einmal das Wasser in ihrer Nase hoch, dann hielt sie den dramatischen Zeitpunkt für gekommen. »Ich bin schwanger.«

Uhse hielt in ihrer Bewegung inne und drehte sich verblüfft nach Susanna um. »Du bist schwanger?«

Susanna warf sich auf das Sofa. Ihr ganzer Körper

schüttelte sich unter neuerlichen Weinkrämpfen. »Ja, ich bin schwanger.« Leicht besorgt dachte Susanna daran, daß sie bis zwei Uhr ihr Gesicht wieder in einen normalen Zustand bringen mußte. Eine Soubrette kam nicht mit verheulten Augen zur Probe.

Susannas Schniefen erinnerte Petra offensichtlich daran, daß sie ein Taschentuch suchen wollte. In der zweituntersten Schublade fand sie endlich ein Päckchen. Vorsichtig setzte sie sich neben Susanna, die inzwischen etwas gefaßter wirkte.

»Danke.« Susanna griff nach dem Taschentuch, das Uhse ihr hinhielt, und schneuzte sich lautstark. »Das ist aber noch gar nicht das Schlimmste, ich meine, die Sache ist noch viel schlimmer.«

»Du bist vergewaltigt worden?«

Susanna überlegte kurz. An diese Möglichkeit hatte sie noch gar nicht gedacht, aber da man über Tote ja nichts Schlechtes sagen sollte, beschloß sie, doch bei der geplanten Variante zu bleiben. »Nein, nicht vergewaltigt. Aber ich bin trotzdem von Schreiner schwanger.«

Uhse zog ungläubig die Augenbrauen nach oben. »Schwanger von Schreiner? Der hat doch schon vor über einem Jahr sein coming out gehabt und uns seitdem in Ruhe gelassen.«

In den zwei Jahren Engagement an einem kleinen Opernhaus hatte Susanna es gelernt, auf überraschende Wendungen souverän zu reagieren. Gerade neulich hatte in einer Vorstellung ihr jugendlicher Geliebter seinen Auftritt verpaßt, und sie hatte die Szene ohne ihn anfangen müssen. Sie fand trotzdem, Anja hätte sie vorwarnen können, falls sie gewußt hatte, daß Schreiners Schwulitäten am Institut bekannt waren. »Meinst du etwa, ich bin weniger schwanger, weil er schwul war?«

»Quatsch. Ich wundere mich nur, denn ich dachte immer, du hättest mit Männern nicht viel am Hut, und dann ausgerechnet Schreiner?«

Susanna fuhr sich mit der rechten Hand durch ihre mitgenommene Frisur. »Ich kann mir das selber alles auch nicht richtig erklären. Ich hatte mit Schreiner ja schon seit Jahren nichts mehr zu tun, aber vor ein paar Monaten, nach einer Vorstellung, kam er mit einem riesigen roten Rosenstrauß zu mir in die Garderobe und gratulierte mir. Ich fand ihn irgendwie rührend. Wie ein großes, dickes Kind.«

»Und deshalb bist du mit ihm ins Bett gegangen?«

»Na ja, nicht gleich. Aber beim dritten Mal dann schon.«

Uhse schnaubte verächtlich durch die Nase. »Das sind doch alles dieselben Scheißkerle. Heucheln Verehrung, nur um eine Frau ins Bett zu kriegen. Und auf so was bist du reingefallen?«

Susanna gestattete sich einen letzten kleinen Schluchzer. »Wieso reingefallen? Meinst du, er hat mich gar nicht geliebt?«

»Was heißt denn da Liebe? So ein Egomane wie Schreiner war doch überhaupt nicht fähig, eine Frau zu lieben. Solche Kerle wie der brauchen Frauen doch nur zu ihrer männlichen Selbstbestätigung.« Uhse stand mit einem heftigen Ruck auf und begann, im Zimmer auf und ab zu gehen.

Susanna nagte an ihrer Unterlippe. »Eigentlich war er doch gar nicht so schlecht. Vielleicht würde ich das Kind sogar bekommen wollen, wenn er noch lebte.«

Uhse blieb abrupt stehen. »Ja, bist du denn von allen

guten Geistern verlassen? Ein Kind von so einem Schwein, und dann womöglich auch noch ein Junge, damit diese Bagage auch ja nicht ausstirbt?«

Unter ihrem zerfransten Pony schlug Susanna erstaunt die Augen zu Uhse auf. »Was hast du denn gegen Schreiner?«

»Ich hab' gegen Schreiner nicht weniger und nicht mehr, als ich gegen alle diese Chauvi-Schweine habe. Im besonderen habe ich gegen ihn nur noch, daß ich mir jeden Tag im Institut seine abgestandenen Männersprüche anhören mußte. Aber das hat sich ja nun Gott sei Dank erledigt.«

Susanna wischte sich mit dem Taschentuch über ihr inzwischen ohnehin wieder trockenes Gesicht. »Tut es dir denn gar nicht leid, daß er umgebracht wurde?«

»Ich fürchte: nein!«

Petras Antwort bewog Susanna, ihren Plan kurzfristig zu ändern und einen weiteren Heulanfall aufs Programm zu setzen. »Ich dachte, ich kann zu dir kommen, weil du eine Frau bist und mich verstehst. Statt dessen machst du mir nur Vorwürfe. Da war ja sogar Schreiner sensibler als du.«

Mit leicht quietschendem Absatz drehte sich Uhse zu Susanna um. »Ich bin keine Beichtmutter, sondern eine Frau, die versucht, der Diskriminierung von Frauen entgegenzuarbeiten. Vielleicht hättest du zu mir kommen sollen, bevor du mit Schreiner ins Bett gestiegen bist. Was ich dir jetzt rate, das dürfte doch wohl klar sein.«

Susanna setzte wieder eine kleinlautere Tonart auf. »Du meinst also, ich soll das Kind nicht bekommen?«

»Genau das meine ich.«

»Wahrscheinlich hast du ja recht.« Susanna blickte

nachdenklich zum Fenster hinaus. Sie überlegte, wie sie dem Gespräch noch eine andere Wendung geben konnte, nachdem die Schwangerschaftsfrage für Petra endgültig geklärt zu sein schien. »Glaubst du, Rebecca Lux hätte mir denselben Tip gegeben?«

Petra Uhse wirkte irritiert. »Was soll denn *die* Frage?« Ihre Stimme klang schroff. »Ich bin für die Meinungen, die Rebecca Lux hatte, nicht zuständig.«

»Na ja, ich dachte nur – weil: es ist doch schon eine ernste Entscheidung, und da fände ich es beruhigend, die Sache vielleicht noch mal von moralphilosophischer Seite aus zu sehen.«

»Da hättest du Rebecca Lux schon selber fragen müssen.« Petra ließ ihre Lippen sich verachtungsvoll kräuseln. »Ich halte es aber für sehr unwahrscheinlich, daß die überhaupt einen Begriff davon hatte, was eine Schwangerschaft für eine Frau bedeutet.«

Susanna fiel nichts ein, was sie darauf hätte erwidern sollen, deshalb erhob sie sich mit einem schwachen Seufzer von dem großgeblümten Sofa, auf dem sie zwei kleine nasse Flecken hinterlassen hatte. »Auf jeden Fall danke für deinen Rat und entschuldige, daß ich mich so habe gehenlassen. Aber es war eben einfach ein Schock.«

»Sicher, das verstehe ich.« Uhse begleitete Susanna zur Tür und drückte sie dort an ihr Herz. »Mach's gut und sei vernünftig.«

»Ganz bestimmt.« Susanna schlich mit gesenktem Kopf die Treppen hinunter und legte erst wieder eine schnellere Gangart ein, als sie die strahlende Oktobersonne auf ihrem Gesicht spürte.

Die Tyrannei der Intimität

Anja ließ die Wohnungsklingel zum dritten Mal schrillen. Die Bewegungen hinter dem Türspion hatten längst verraten, daß jemand zu Hause war.

»Herr Lévi-Brune, machen Sie auf!« Sie schlug mit der Faust gegen die dunkelbraun gestrichene Holztür. Nach einer Weile wurde diese um den kleinen Spalt geöffnet, den die Kette freigab.

»Ja, bitte?«

»Sommer mein Name. Ich bin Privatdetektivin und ermittle in der Angelegenheit Rudolf Schreiner.«

Hinter der Tür entstand ratlos-ängstliches Schweigen. »Äh, Sie sind sich sicher, daß Sie zu mir wollen?«

»Ja. Lassen Sie mich jetzt endlich rein.« Anja hatte die Faxen dicke, abgesehen davon, daß ihr die Lust auf Mörderjagd ohnehin mehr und mehr verging, würde das Verhör mit Hugo Lévi-Brune sicher noch sinnloser sein, als es vorhin das Verhör der Bullen mit ihr gewesen war.

Nachdem Lévi-Brune umständlich die Türkette entfernt hatte, ließ er Anja eintreten. Sie folgte ihm durch einen schmalen Flur, der an beiden Seiten mit Bücherregalen zugestellt war, in einen Raum, der offensichtlich als Wohn-, Arbeits- und Schlafzimmer zugleich diente. Auf einem abgeschabten Sechziger-Jahre-Schlafsofa nahm sie Platz. Lévi-Brune setzte sich ihr gegenüber auf einen Klappstuhl. »Äh, entschuldigen Sie, daß es hier so unordentlich ist, aber ich hatte heute noch keine Zeit zum Aufräumen. Wollen Sie vielleicht einen Tee?«

»Nein, danke.« Anja haßte Mate-Tee, und alles in diesem Haushalt sah nach Mate-Tee aus. Sie lehnte sich auf dem Sofa zurück. »Was fällt Ihnen zu der Angelegenheit Schreiner ein?«

»Äh, wie meinen Sie das?«

»So wie ich es gesagt habe. Kann ich rauchen?« Anja zog ein Päckchen Zigaretten aus ihrer Jackentasche.

»Selbstverständlich. Warten Sie, ich muß nur den Aschenbecher aus der Küche holen.«

Während Lévi-Brune hastig im Flur verschwand, ließ Anja ihren Blick durch die Denkerklause schweifen. Ein Paar Herrenunterhosen aus Rippenstrick über der Armlehne des Sofas. Verwaschene dunkelgraue bis dunkelbraune Herrensocken am Wäscheständer. Auf dem kleinen Couchtischchen »Kiefer natur« standen zwei Gläser mit Weinresten herum. Eines der Gläser trug die Spuren von dunkelrotem Lippenstift. Der Schreibtisch – ebenfalls »Kiefer natur« – war mit Papier- und Bücherbergen überladen, der Computer angeschaltet. Von Ferne erkannte Anja auf dem Bildschirm die Zeichensprache der formalen Logik.

Sie gähnte, als Lévi-Brunes schlaksige Gestalt über die Zimmerschwelle stolperte.

»Äh, ich kann im Augenblick den Aschenbecher leider nicht finden. Geht solange diese Untertasse?«

Anja zeigte mit ihrer *Prince Denmark* auf einen billigen weißen Glasaschenbecher, der zwischen den Gläsern auf dem Couchtisch stand. Die sechs Kippen, die in ihm lagen, trugen ebenfalls Spuren des dunkelroten Lippenstifts. »Suchen Sie vielleicht den hier?«

Lévi-Brune lachte verlegen auf. »Ach, da ist er ja. So

was, es scheint, ich bin heute mit Blindheit geschlagen.« Er setzte sich, ohne die braune Untertasse aus der Hand zu legen. Mit etwas zu langen Fingernägeln kratzte er auf der Glasur herum. »Also, was mir zu Schreiner einfällt. Nun ja, die ganze Sache ist schon – äh: überraschend.«

»Wieso überraschend? Ich habe gehört, Schreiner hätte am Institut in letzter Zeit 'ne Menge Ärger gehabt.«

Lévi-Brune schaute Anja durch seine dicken Brillengläser hindurch an und senkte dann den Kopf. »Ach ja? Wissen Sie, ich sitze an meiner Habilitation, und wenn man mich in Ruhe läßt, halte ich mich aus den ganzen Geschichten am Institut heraus.«

»Könnten Sie etwas lauter sprechen?«

»Ich sagte nur: Ich äh, ich weiß von nichts.«

Anja schickte mit halb geschlossenen Augen Rauchkringel an die Decke. »Da sind einige Ihrer Kollegen aber anderer Ansicht.«

Das Kratzen auf der Untertasse wurde schneller. »Wie meinen Sie das?«

»Man sagt, Sie hätten allen Grund, Schreiners Tod nicht zu bedauern.«

Lévi-Brune errötete leicht. »Das stimmt nicht. Ich habe – äh, ich war mit Schreiner nicht direkt befreundet, aber das hat doch mit seinem Tod nichts zu tun.«

»Was heißt ›nicht direkt befreundet‹?« Die Kratzgeräusche auf der Untertasse erregten in Anja dasselbe Unbehagen wie einstmals die quietschende Kreide auf der Schultafel. Sie spürte, wie sich ihre Nackenhaare langsam aufrichteten.

»Wie soll ich sagen, Schreiner machte des öfteren antisemitische Bemerkungen. Sie werden verstehen, daß dies keine – äh keine gute Grundlage für eine Freundschaft war.«

»Warum sagen Sie dann nicht gleich, daß Sie ihn gehaßt haben?«

»Nein, das stimmt nicht. Ich habe Schreiner nicht gehaßt. Ich bedaure seinen Tod.«

»Seine Ermordung.« Anja drückte ihre Zigarette neben den anderen, lippenstiftverschmierten Kippen aus. »In welchem Verhältnis stehen Sie zu Frau Uhse?«

Die Untertasse fiel geräuschlos zu Boden, auf den zotteligen weißen Flokati-Teppich. »Wieso, äh, ich meine: Was hat Frau Uhse denn mit der Angelegenheit zu tun?«

»Ich habe Sie nur gefragt, in welchem Verhältnis Sie zu ihr stehen.«

Während Lévi-Brune sich bückte, klopfte Anja eine neue *Prince Denmark* aus dem Päckchen.

»Ich verstehe nicht recht, weshalb das für Ihren Fall von Bedeutung sein soll.«

»So wie es aussieht, ist auch Frau Uhse durch Schreiners Tod nicht unbedingt erschüttert worden. – Gleich und gleich gesellt sich gern.«

Mit leicht zitternden Händen stellte Lévi-Brune die Untertasse auf dem Couchtisch ab. »Äh, wir – wir sind befreundet.« Er warf einen flüchtigen Blick auf das lippenstiftverschmierte Weinglas.

Anja ließ ihr Feuerzeug aufflammen, um sich die neue Zigarette anzustecken. »Können Sie das ein wenig konkretisieren?«

»Ich verstehe wirklich nicht, wieso Sie das interessiert. Wenn Sie glauben, daß Frau Uhse und ich unter einer Decke stecken – äh, Komplizen sind, so irren Sie sich.«

Mit der Freundlichkeit einer Kreuzspinne grinste Anja durch die blaue Dunstwolke hindurch, die sie soeben ausgestoßen hatte. »Herr Lévi-Brune, Sie haben mir meine Frage immer noch nicht beantwortet.«

Der feine Unterschied

Gelangweilt spielte Anja mit den Lippenstiftspuren auf ihrem Weinglas herum. Es war halb neun. Pünktlich Viertel nach acht – um Stammheimer die höfliche Chance zu geben, vor ihr da zu sein – hatte sie das »Bovril« betreten. Ein Kellner mit französischem Akzent und langer weißer Schürze war beflissen auf sie zugeeilt, um sie zu fragen, ob sie mit 'errn Doktor Stamm'eimer verabredet sei, dieser habe nämlich soeben angerufen und mitgeteilt, daß er es zutiefst bedauere, sich um eine halbe Stunde verspäten zu müssen.

Anja hatte sich somit alleine an den reservierten Tisch gesetzt und schon einmal eine Flasche einundneunziger »Meursault AOC – Clos du Cromin« zu achtundneunzig Mark bestellt. Eigentlich hätte sie ja später auf Stammheimers Rechnung lieber den vierundachtziger »Château Lafitte-Rothschild AOC, Premier Grand Cru Classé« zu einhundertachtundsiebzig Mark gesehen, aber so viel wußte Anja von Eßkultur, daß man zu Fisch keinen Rotwein trank, und mit dem Weißwein hatte sie die Weichen für den Hummer und die Seezunge gestellt.

Anja hatte den Ärger eines vergeudeten Tages mit der Flasche weißen Burgunder bereits nahezu heruntergespült, als Manfred Stammheimer um kurz nach halb neun durch die Schwingtüren des Restaurants trat. Er entdeckte Anja in dem hinteren Raum und eilte mit großen, elastischen Schritten auf sie zu.

»Entschuldigen Sie tausendmal die Verspätung, Frau Abakowitz, aber ich bin heute erst aus Westdeutschland zurückgekommen, und wir haben im Gericht zur Zeit einen etwas heiklen Fall. Ich mußte in dieser Angelegenheit noch dringend mit einem Kollegen sprechen. Ich hoffe, Sie haben nicht allzu lange gewartet.«

Mit einem leicht unterkühlten Lächeln streckte Anja dem Juristen die Hand zur Begrüßung hin. »Nun ja, ich sitze hier seit acht.«

Stammheimer ließ sich von dem französischen Kellner seinen dunkelgrauen Kaschmirmantel abnehmen und setzte sich Anja gegenüber. »Wie ich sehe, haben Sie schon einmal den Wein für uns ausgesucht.« Der Richter drehte die Flasche mit dem Etikett zu sich. »Einundneunziger Meursault – doch, eine gute Wahl.«

Zum Beweis ihrer guten Wahl nahm Anja einen kräftigen Schluck aus dem inzwischen rundum mit Lippenstift verschmierten Weinglas. Die Tussi-Allüre, mit spitzem Mund immer nur an derselben Stelle des Glases zu nippen, konnte und wollte sie sich nicht angewöhnen.

Der Kellner kehrte mit den Speisekarten und einem weiteren Glas wieder. Anja brauchte in der ohnehin nicht besonders reichhaltigen Karte nicht lange zu suchen. Immer, wenn sie sich hierher einladen ließ und wenn es diese Gerichte gerade gab, aß sie Hummer und Seezunge.

»Aufgrund des Weißweins schließe ich einmal, daß Sie Fisch essen wollen, Frau Abakowitz?«

Anja nickte.

»Ja, die Fischgerichte sind hier auch immer besser als die Fleischgerichte. Ich denke, ich werde mich Ihnen anschließen.«

Mit einer angedeuteten, steifen Verbeugung nahm der französische Kellner die Bestellung des Essens und eines neuen »Meursault« entgegen.

Stammheimer goß sich den Rest der ersten Flasche in sein Weinglas. »So, dann lassen Sie uns doch erst einmal anstoßen. Auf Ihr Wohl!«

Anja unternahm keine größere Anstrengung, das Glas vorsichtig am Stiel zu balancieren, sondern griff es am Kelch, so daß die beiden Gläser beim Zusammenstoßen einen eher dumpfen Klang von sich gaben.

»Hat sich in der Angelegenheit mit Ihrer Philosophieprofessorin irgend etwas Neues ergeben?« Der Jurist lächelte Anja über sein Weinglas hinweg an.

Anja ignorierte sein Lächeln und fegte einige Brotkrümel von der weißen Tischdecke. »Lesen Sie keine Zeitung?«

»Zumindest die Berliner Zeitungen lese ich nur, wenn ich muß. Und bis zur *Frankfurter Allgemeinen* hat sich der Fall noch nicht herumgesprochen.«

Mit spitzem Fingernagel halbierte Anja einen hellbraunen Krumen Weißbrotkruste. »Rebecca Lux ist tot.«

Stammheimer stellte das Weinglas, das er gerade zum Trinken angesetzt hatte, wieder ab. »Das tut mir leid. Sie haben sie sehr geschätzt?«

Anja antwortete mit einem vagen Schulterzucken. Was sollte sie Stammheimer schon erzählen. Ein wachsgesichtiger Kellner servierte die beiden halben »Hummer aus dem Atlantik gratiniert«.

Stammheimer breitete die Damastserviette auf seinem Schoß aus. »Nun, erst einmal guten Appetit.« Mit einer energischen Bewegung stieß er seine Gabel durch den kleinen Gratinberg in das weiße Fleisch. Anja begann, den Gratinberg von der Schwanzspitze des Hummers her abzutragen. »Die Polizei nimmt an, Rebecca Lux habe Selbstmord begangen.«

»Sie sagen das in einem Ton, als ob Sie nicht daran glaubten. – Der Hummer ist übrigens vorzüglich, das Gratin vielleicht eine Spur zu schwer, finden Sie nicht?«

»Ich glaube in der Tat nicht, daß Rebecca sich selber umgebracht hat. Aber letztendlich ist es ja auch gleichgültig.« Mit einem leisen Krachen löste Anja ein Stück Fleisch aus der Hummerschale.

»Sie vermuten, daß Ihre Professorin ermordet wurde?« Der Richter schenkte Anja und sich aus der neuen Flasche »Meursault« ein. Anja nahm ihr Weinglas in die Hand und stellte es wieder ab. Angesichts der Tatsache, daß sie nachher noch Hektor nach Hause bringen mußte, sollte sie bald aufhören zu trinken. »Ja. Rebecca wurde ermordet. Vom selben Täter, der Schreiner ermordet hat.«

Stammheimer griff mit seinen langen, wohlmanikürten Fingern nach der Damastserviette und tupfte sich den Mund. »Das klingt ja beinahe so, als ob Sie jemand bestimmtes im Auge hätten.«

Anja schluckte das letzte Stück Hummer hinunter. »Willi Maier-Abendroth.«

»Ein Kollege der Verstorbenen?« Der Jurist faltete seine Serviette zusammen und legte sie neben dem Teller ab.

»Ja.« In letzter Sekunde erinnerte sich Anja ihres Lippenstifts und knüllte die Serviette, die sie sich gerade quer über den Mund hatte ziehen wollen, unbenutzt neben dem Teller zusammen.

»Sie machen mich neugierig.«

»Maier-Abendroth war befreundet mit Schreiner. Schreiner war schwul, und so wie es aussieht, war es Maier-Abendroth auch. Es ist anzunehmen, daß – wenn sie nicht selbst miteinander was hatten – zumindest jeder das vom anderen wußte. Der springende Punkt ist, daß Maier-Abendroth seit einigen Jahren eine – nun ja – politische Karriere verfolgt und in diesem Zusammenhang keine Gelegenheit ausläßt, gegen Homosexuelle zu hetzen. Schreiner kann die politischen Ambitionen seines alten Freundes unmöglich akzeptiert haben. Was ist naheliegender, als daß er Maier-Abendroth damit erpreßt hat, seine versteckten Neigungen publik zu machen, um ihn so als Politiker zu ruinieren?«

Der bleiche Kellner räumte die beiden Teller mit den leeren roten Hummerschalen ab. Anja wartete, bis er wieder verschwunden war. »Außerdem hätte Maier-Abendroth ein Motiv, den Mord Rebecca Lux anzuhängen. Zwischen den beiden bestand schon seit Assistenten-Zeiten eine Rivalität, und Rebecca hatte Maier-Abendroth mehrmals eine Stelle weggeschnappt. Sie war zuletzt Direktorin des Instituts, und jetzt ist er auf den Posten scharf.«

Stammheimer lächelte. »Ich wußte noch gar nicht, daß Sie auch kriminologisch begabt sind. Verraten Sie mir, wie Sie auf diese Variante gekommen sind?«

Anja zuckte mit den Schultern. »Ich habe erfahren, daß sowohl Schreiner als auch Maier-Abendroth szenebekannte Schwuchteln sind, obwohl am Institut niemand etwas davon weiß.«

Der Servier-Kellner kam mit dem nächsten Gang, den »gebratenen Seezungenfilets in Kapernbutter mit

Brunnenkresse und Grenaille«. Der Jurist faltete die Serviette wieder auseinander und breitete sie erneut auf seinen kostbaren Anzughosen aus. »Meinen Sie nicht, daß das alles vielleicht ein wenig zu einfach ist? Bringt man jemanden um, bloß weil er weiß, daß man homosexuelle Neigungen hat und meinetwegen auch auslebt? Denn Präsident der Vereinigten Staaten von Amerika wollte Herr Maier-Abendroth ja wohl nicht werden, und meines Wissens hat es dem philosophischen Ansehen Rousseaus schließlich auch nicht geschadet, daß er seine Kinder ins Waisenhaus gesteckt hat, nachdem er eine Schrift über Erziehung verfaßt hatte. Hätte Maier-Abendroth wirklich so viel zu befürchten, wenn bekannt würde, daß er ein Doppelleben führt?«

Anja spießte zwei Kapern auf ihre Gabel und zeichnete mit ihnen unbestimmte Schnörkel in die Buttersauce. »Hat schon mal jemand nach dem Motiv gefragt, das Rebecca gehabt haben soll, Schreiner zu ermorden?«

Stammheimer türmte kunstvoll ein Häufchen Brunnenkresse auf ein Stückchen Seezunge und schob sich den Bissen in den Mund. »Ich will ja gar nicht abstreiten, daß Ihre Theorie einer gewissen Plausibilität nicht entbehrt, aber dennoch wundere ich mich ein wenig über die Sicherheit, mit der Sie sie vertreten. Wenn es berechtigte Gründe für die Annahme gibt, daß Frau Lux sich selbst ermordet hat, so müssen Sie doch zugeben, daß es dann schwerfällt, keinen Zusammenhang zwischen Frau Lux' Verhaftung und ihrem Suizid herzustellen. Auf welche Weise ist sie eigentlich aus dem Leben gegangen?«

Anja fragte sich, was »Grenaille« sein mochte, auf

den ersten Blick sah es aus wie ordinäre Körner, und schmecken tat es auch so. Anja ließ den kleinen Hügel weiter unbeachtet liegen und machte sich daran, mit ihrem Fischmesser das eine Seezungenfilet zu halbieren. »Sie soll sich mit ihrem Brieföffner selbst in die Brust gestochen haben. Haben Sie das schon mal ausprobiert?«

Der Jurist wiegte nachdenklich den Kopf, während er auf einer Gabel gebutterter »Grenaille« herumkaute. »Der autoinduzierte finale Stich kommt in der Tat als Suizidform äußerst selten vor. Ich entsinne mich nur eines einzigen Falles, wo sich eine abgedankte Opernsängerin während einer »Tosca«-Vorstellung zu erdolchen versucht hatte. Ich weiß nicht, ob es ihr gelungen ist.«

Anja klappte das zweite Seezungenfilet zusammen und schob es sich in den Mund. »Schließlich war Rebecca aber keine Opernfurie. Ich glaube nicht, daß sie den Elan hatte, sich ein Briefmesser zwischen die Rippen zu jagen.«

Mit einem Schluck »Meursault« beendete Stammheimer seinen Hauptgang. »Ich werde der Sache einmal nachgehen. Am Montag lasse ich mir die entsprechenden Akten kommen, ich werde Sie dann informieren. Bis dahin sollten Sie aber Ihre Theorie für sich behalten, schließlich erheben Sie keine geringe Anschuldigung gegen Herrn Maier-Abendroth. Da können Sie sich schnell eine Verleumdungsklage einhandeln.«

Anja schluckte den letzten Bissen Seezunge. In Stammheimer schien sie keinen Verbündeten zu finden, aber wenn sie Rebeccas Mörder doch noch stellen wollte, würde sie schließlich auch alleine klarkommen.

Stammheimer drehte nachdenklich das Weinglas in der Hand, während der Kellner mit dezentem Klappern die Teller abdeckte. »Da fällt mir etwas ganz anderes ein.« Mit einem versonnenen Lächeln strich der Jurist imaginäre Falten in seiner Damastserviette glatt. »Es könnte Schwierigkeiten mit der Sicherheitsleistung geben.«

»Inwiefern?« Anja blickte irritiert von ihrem leeren Glas auf. Die Kaution, die sie – beziehungsweise Hektor – für Rebecca gestellt hatte, hatte sie in dem Trubel der vergangenen Tage vollständig vergessen. »Inwiefern könnte es Schwierigkeiten geben?«

»Nun ja«, um Stammheimers Mundwinkel spielte das verhaltene Lächeln professionellen Ehrgeizes, »es ist in der Jurisprudenz kein ganz alltäglicher Fall, und ich müßte in den Kommentaren genauer nachsehen – aber es könnte sein, daß Sie Ihre Kaution nicht zurückerhalten.«

»Wie bitte?« Anja ließ die Weinflasche, die sie gerade aus dem Eiskübel herausheben wollte, wieder zurücksinken. Ein wenig Eiswasser schwappte über.

»Die Kaution wird als Sicherheit verstanden, den ungestörten Gang der Untersuchung zu gewährleisten. Darüber hinaus soll sie garantieren, daß der Verurteilte seine Freiheitsstrafe auch antritt.«

Anja griff erneut zur Weinflasche und füllte ihr Glas.

»Die Kaution wird zurückgezahlt, entweder wenn der Angeklagte in die Untersuchungshaft zurückkehrt, oder – falls inzwischen das Urteil erging – wenn er seine Haftstrafe antritt. Im Falle eines Freispruchs selbstverständlich auch. Wenn der Angeklagte sich der Haft entzieht, wird die Kaution jedoch so lange einbehalten, bis der Flüchtige wieder gefaßt ist. Wird der Angeklagte während der Haftaussetzung ermordet, dürfte die Kaution sicher anstandslos zurückgezahlt werden, ich bin mir jedoch nicht sicher, wie die Rechtslage im Falle eines Selbstmords des Angeklagten aussieht.«

»Aber das ist doch völliger Blödsinn. Was soll denn die Kaution jetzt noch für einen Zweck haben?« Anja nahm einen kräftigen Schluck.

»Sehen Sie, in gewisser Hinsicht ist Selbstmord durchaus eine Art, sich der Haftstrafe zu entziehen – das läßt sich nicht leugnen. Aber keine übereilte Aufregung, liebe Frau Abakowitz, ich bin mir ja noch gar nicht sicher, ob es sich so verhält. Ich sage nur, daß es ein juristisch interessanter Fall sein könnte.«

Bevor Anjas alkoholgesättigtes Hirn das, was Stammheimer ihm eben mitgeteilt hatte, in seiner ganzen Tragweite erfassen konnte, servierte der Kellner den Nachtisch: zwei große schwarze Teller mit kunstvoll arrangierten Fruchtscheiben und -stücken. Anja stützte den Kopf in die Hände. Sie beobachtete Stammheimer, der mit Delikatesse überzuckerte Kiwi-, Papaya- und Erdbeerschnitze auf seine Dessertgabel spießte. Wie sollte sie das Hektor erklären? Anjas trüber Blick verlor sich hinter ihrem »Dialog der Früchte«.

PLÖTZLICHKEIT

Blaulichter zerschnitten die Nacht. Kurz vor dem »Südstern« mußte sich ein Unfall ereignet haben. Anja drosselte das Tempo und bemühte sich, möglichst unauffällig auf die rechte Spur zu fahren. Auf eine Alkoholkontrolle legte sie im Augenblick keinen übersteigerten Wert. Im Schrittempo ließ sie Hektor an einer Wanne und zwei ineinander verkeilten Kleinwagen vorbeischleichen. Erst hinter der bulligen Backsteinkirche gab sie wieder Gas.
Auf Radio Fritz lief der »Blue Moon«. Ein nächtlicher Hörer plauderte aus seinem Leben: »Ick hab' früher 'ne Maxime jehabt, die nich' jeht.«
»Ach.«
»Ick wollte mit jedem Menschen jut auskommen.«
»Und jetzt haste dich voll uff's Einkommen konzentriert oder wat?«
»Ah nee, aber det war janz wesentlich falsch. Da machste dich zur Feife«
»Is' wirklich deine Lebenserfahrung?«
»Dit is' meine Lebenserfahrung.«
»Kannste dit noch annem Beispiel plastisch machen, wo dir dit dann zum ersten Mal klarjeworden is?«
Anja stellte das Radio ab und öffnete mittels des elektrischen Hebers das Fahrerfenster. Auf der Sonnenallee wankte ein Besoffener über die Straße, um sich am nächsten Laternenpfahl auszukotzen. Wäh-

rend sie an einer roten Ampel stand, verfolgte sie die gekrümmte Gestalt im Rückspiegel. Stammheimers Enthüllungen zu Hektors Kaution waren eine Hiobsbotschaft. Sie fragte sich, wie lange der Penner hinter ihr noch kotzen wollte. Andererseits waren fünfzigtausend Mark ein sehr unsentimentaler Grund, Maier-Abendroth sich nun endgültig vorzuknöpfen.

Die Ampel hatte mittlerweile auf grün geschaltet, und Anja startete. Gute Gründe machten sie unternehmungslustiger als ein flüchtiger Geschmack auf den Lippen. Die Tachonadel war gerade auf siebzig geklettert, als Anja mit voller Kraft in die Bremsen trat. Sie schloß die Augen und atmete aus. Um ein Haar hätte Hektor anstelle seines Sterns einen Fahrradreifen auf dem Kühler gehabt. Nach einer weiteren Schrecksekunde riß sie die Fahrertür auf und hechtete auf die Straße. Vor Hektor saß ein Lumpenbündel aus Selbstgestricktem, Palästinensertuch und Latzhose, das ansonsten aber unversehrt wirkte.

»Verdammte Scheiße, hast du idiotischer Karottenfresser schon mal was von Vorfahrtsstraßen gehört?!«

»Faschisdeaudos henn koi Vorfahrt.«

Anja schnaubte wie ein gereizter Stier: eine von diesen widerlichen alternativen Kanalratten, die aus Tübingen und Stuttgart kommend ganz Berlin überschwemmten.

Der junge Herr aus dem Süddeutschen rappelte sich auf und griff nach Hektors Stern, ehe Anjas alkoholisch gebremstes Hirn verstand, was er vorhatte. Das folgende trockene Knacken ging ihr durch Mark und Bein. So mußte es klingen, wenn einem jungen Kaninchen das Genick gebrochen wurde.

Anja ging langsam auf den Angreifer zu, der sich

breitbeinig vor Hektor aufgebaut hatte. »Du Ökowichser. Ich glaube, du hast gerade einen großen Fehler gemacht.«

Ein Kinnhaken holte dem jungen Herrn die Brille aus dem Gesicht, ein wohlplazierter Tritt in die Latzhose ließ ihn zusammenklappen wie ein Taschenmesser. Sein Fahrrad erledigte Anja mit Muskelkraft und Cowboystiefeln, anschließend hängte sie das bizarr geformte Gebilde aus Gummischläuchen und Metallstangen über einen benachbarten Bauzaun. »So, das wär's. Bißchen Kunst am Bau kommt immer gut.«

Mit einem knappen, energischen Griff befreite Anja den Stern aus der rechten Hand des Täters, die ihre Beute schmerzverkrampft umklammert hielt. Der Mißhandelte stöhnte auf, während Anja das Metall behutsam anhauchte, um es anschließend mit ihrem Seidenschal zu polieren. Es war innerhalb von neun Monaten der dritte Stern, den Hektor verloren hatte. Nachdem sie das gute Stück in ihrer Jackentasche hatte verschwinden lassen, stieg Anja wieder in Hektor, stellte den Automatikhebel auf rückwärts und fuhr in elegantem Bogen um den jungen Mann auf der Straße herum, der undeutlich etwas von Nazischweinen jammerte.

Die Krankheit zum Tode

Im Treppenhaus herrschte ein merkwürdiger Geruch. Auf jedem Treppenabsatz, mit dem sich Anja ihrer Wohnung im vierten Stock näherte, verdichtete sich der Gestank. Nachdem sie die Wohnungstür aufgeschlossen hatte, war kein Zweifel mehr möglich: Ulf hatte Fisch gekocht. Es roch verboten.

Als Anja den Lichtschalter im Flur bediente, tat es einen kleinen Knall und blieb dunkel. Leise fluchend tastete sie sich durch den stockfinsteren Flur in Richtung Küche, bis sie über etwas Weiches, Warmes fiel. Einen kurzen Moment geriet Anja in Panik, sie schlug mit den Armen um sich, griff jedoch nur in zotteliges Fell. Erleichtert atmete sie auf. Dieser verdammte Hund hatte ein unglaubliches Talent, sich zum Schlafen genau dorthin zu legen, wo garantiert jemand über ihn drüberfallen mußte.

Anja stand auf und erreichte endlich den Lichtschalter in der Küche. Wenigstens hier funktionierte die Glühbirne noch.

Man mußte keine Hundekennerin sein, um sofort zu erkennen, daß dieser Hund hier ein toter Hund war. Mit verdrehten Augen, auf den Boden hängender Zunge und starr ausgestreckten Vorderbeinen wirkte Vico wie jemand, den der Tod mitten im Leben überrascht hatte. Anja empfand Erleichterung. Was Vico anbelangte, hatte sie ihre Schuldigkeit nun getan, und wenn es wenigstens jenseits dieser Welt einen Funken

Gerechtigkeit gab, könnte sich Rebecca nun wieder um ihren alten Köter kümmern. Anja wunderte sich dennoch, daß Vico so plötzlich vom Tod ereilt worden war, sie hätte wetten können, daß er sich eines Tages unbemerkt im Schlaf verabschieden würde. Vielleicht hatte er die Milieuveränderungen der letzten Tage nicht verkraftet.

Auf dem Küchenboden lag ein umgekippter Kochtopf, aus dem Reste einer gräulichen, von schleimigen Brocken durchsetzten Masse quollen. Die Seezunge in Anjas Magen schlug einige Male mit der Schwanzflosse. Wenn Anja die Situation richtig überblickte, hatte sich dieser gefräßige Hund über den schwulen Fischeintopf hergemacht und war dann gestorben. Blieb nur die Frage, ob zwischen dem Fischgericht und Vicos Tod eine Kausalverbindung bestand oder nicht. Anja war gern bereit zu glauben, daß diese Mahlzeit Vico den Rest gegeben hatte. Was sollte schon dabei rauskommen, wenn Ulf Fisch kochte? Die Ravioli der letzten Tage waren Vicos verzärteltem Magen gut bekommen, aber dieses Labskaus hier hätte auch stärkere Hunde umgehauen. Anja entdeckte auf dem Küchentisch einen Zettel, der mit Ulfs kindlicher Handschrift bedeckt war. »Liebe Anja! Peer und ich haben ein neues Rezept ausprobiert. (Fischragout Nordmänner Art) Du kannst gern was probieren, laß uns aber was übrig. Wir sind so um zwölf aus der Sauna zurück. Liebe Grüße, Ulf.« Anja bedankte sich für das nette Angebot.

Der Zettel war beschwert mit einer Dose »Hot Lubricant«. Anja stellte fest, daß es an der Zeit war, ein ernsthaftes Wörtchen mit Ulf und seinem neuen Deckhengst zu reden. Gewisse Dinge hatten in ihrer Küche nichts verloren.

Während sich Anja auf einen der klapprigen Stühle fallen ließ, merkte sie erst, wie müde sie war. Sie beschloß, die Küche inklusive Vico im Flur so zu belassen, wie sie sie vorgefunden hatte. Die Homos hatten ihn ins Jenseits gekocht, also sollten sie ihn auch wegräumen. Wohin brachte man eigentlich tote Hunde? Rebecca hätte Vico sicher in ihrem Garten beerdigt.

Anja öffnete das Fenster und hielt ihr Gesicht in die kalte, kohlenstaubgeschwängerte Neuköllner Nachtluft. Sie griff nach Hektors gesunkenem Stern in ihrer Jackentasche. Etwas hatte sich in ihm verwickelt. Als sie ihn hervorgeholt hatte, blinkte sie ein schmales Goldkettchen mit Münzanhänger an, das zwischen seinen Zacken hinunterhing.

HORIZONTVERSCHMELZUNG

Durch die geschlossenen Fensterläden fielen nur wenige schwache Lichtstrahlen in den Raum. Bevor er auf einem geflochtenen Herrenslipper aus Leder endete, streifte einer der Lichtstrahlen einen alten Holzstuhl, über dessen Lehne ein weinroter Kaschmirpullover und eine dunkle Cordhose hingen. Ein anderer Lichtstrahl traf das linke Auge einer Madonna, die gemeinsam mit ihrem Sohn aus goldgerahmtem Ölbild herabblickte. Ein dritter Lichtstrahl kroch über das Fußende eines massiv hölzernen Bettgestells, bis er sich auf nackter weißer Rückenhaut brach.

Von Ferne war das Plätschern eines Flusses zu hören, Kirchturmglocken schlugen Mitternacht, irgendwo in der Nachbarschaft heulte ein Hund.

Ein Kachelofen verbreitete im Zimmer angenehme Wärme. Der nackte weiße Rücken rollte sich auf die Seite und gab dem Lichtstrahl den Weg auf einen wohlgeformten ovalen Bauchnabel frei. Nach einigen Sekunden der Stille erklang vom Kopfende des Bettes eine etwas gereizte Frauenstimme. »Willi, was ist denn jetzt schon wieder los?«

Maier-Abendroth richtete sich mit einem trockenen Hüsteln auf. »Ich habe dir doch schon hundertmal gesagt, daß du nicht an meinem Anus herumfingern sollst. Schließlich bin ich keiner von diesen Perversen.«

Petra Uhse setzte sich ebenfalls auf. »Mein Gott, sei

doch nicht so verklemmt.« Sie schwang ihre Beine aus dem Bett und tastete sich barfuß zu dem Stuhl, über dem ihr Blazer hing. »Wenn du bloß eine Matratze unter dir willst, dann bleib halt bei deiner verdammten Frau.«

Petra sagte sich einmal mehr, daß sie Willi nie würde heiraten wollen, auch nicht für den Preis des »Abendroth«.

Ein Feuerzeug flammte auf, wenige Sekunden später bewegte sich ein glühendes Zigarettenende in Richtung Bett.

»Petra, bleib mit der Zigarette aus dem Bett. Du weißt genau, daß ich es abstoßend finde, wenn Frauen rauchen. Und im Bett haben Zigaretten schon gar nichts zu suchen.«

Petra verkroch sich wieder unter dem schweren Federbett. Willis »Zurück-zur-Natur-Kult« mit Bauernmöbeln, Kachelofen und kaltem Wasser war einfach lächerlich. »Da du heute nacht außer rumzunörgeln offensichtlich sowieso nichts mehr vorhast, ist es doch egal, ob du das abstoßend findest oder nicht.«

Selbst in der Dunkelheit war zu erkennen, daß es um Willis Mundwinkel herum zuckte. »Petra, es reicht. Wenn du hier schon uneingeladen auftauchst, dann machst du auch das, was ich dir sage.«

Der kleine rote Punkt glühte stärker auf. »Ich dachte, diese Diskussionen hätten wir hinter uns. Mußt du mich immer wieder daran erinnern, daß ich Männer wie dich auf dem Papier schon längst kastriert habe? Ich versuche ja auch, dir nicht ständig unter die Nase zu reiben, daß dein Wochenendverhalten nicht unbedingt mit dem harmoniert, was du die Woche über im Institut erzählst. Wir haben ausgemacht, philosophische Überzeugungen und Privatleben auseinanderzuhalten, also halt dich daran!«

»Was heißt hier ›philosophische Überzeugungen‹? Es entspricht meinen intimsten Privatempfindungen, daß ich im Bett rauchende Frauen abstoßend finde.«

Nach einem weiteren Zug drückte Uhse die Zigarette in dem kleinen Aschenbecher aus, den sie vorhin unter das Kopfende des Bettes gestellt hatte, und räkelte sich. Eigentlich war ihr die Lust vergangen, aber sich mit Willi zu streiten, machte noch weniger Sinn. Außerdem bestand keinerlei Chance, dann anschließend von diesem gottverdammten Ossikaff aus wieder zurück nach Berlin zu kommen. Zärtlich wickelte sie sich eine von Willis silbergrauen Haarsträhnen um den Finger. »Willi, wollen wir uns jetzt die ganze Nacht streiten? Ich finde, wir könnten die Zeit doch wirklich zu was Besserem nutzen.«

Der Nachbarhund hatte zu heulen aufgehört, es war wieder nur das Plätschern des Flusses zu hören. Die Madonna blickte unberührt, als das Bett unter ihr erneut in Bewegung geriet.

Petra fand dieses quietschende Holzbett lästig, ihr Futongestell zu Hause ließ alles schweigend über sich ergehen. Auch Hugos Schlafsofa gab sonderbare Laute von sich, anscheinend brauchten Männer diese akustische Verdopplung. Bei Gelegenheit würde sie darüber einmal in Ruhe nachdenken, sicherlich hing es mit dem männlichen Drang zur Potenzvergewisserung zusammen. Wenn sie sich richtig erinnerte, hatte sie nur zwei oder drei Männerbetten erlebt, die nicht gequietscht hatten.

Befriedigt stellte Willi fest, daß Petra diesmal mit ihren Händen einfach seinen Nacken kraulte. Auf irgendwelche Extravaganzen im Bett legte er keinen Wert, im Grunde hätte ihm seine Frau auch völlig genügt, aber er hatte Verständnis dafür, daß eine Frau mit Mitte fünfzig sich in die Enthaltsamkeit zurückzog. Petra kam im Bett sicher nur deshalb auf diese abartigen Ideen, weil sie fürchtete, ihre natürliche weibliche Anziehungskraft würde langsam schwinden. Schließlich war sie schon Ende dreißig. Aus seiner Erfahrung konnte Maier-Abendroth sagen, daß die Frauen, je jünger sie waren, sich im Bett desto unverdorbener benahmen.

Petra mußte sich einmal mehr eingestehen, daß Willi als Liebhaber mindestens ebenso unoriginell war wie als Philosoph. Aber schließlich war das ein allgemeinmännliches Defizit. Hugo hatte sie in den letzten Monaten wenigstens ansatzweise beigebracht, auf die sexuellen Bedürfnisse einer Frau einzugehen. Doch seit Montag war mit ihm gar nichts mehr anzufangen. Petra verstand nicht ganz, wieso Hugo die Sache mit Schreiner derartig mitnahm, aber er hatte ja schon immer paranoide Tendenzen gezeigt.

Willi sagte sich, daß er so recht besehen eigentlich mit sich zufrieden sein konnte. Sein Organismus arbeitete noch gleichmäßig, andere Männer kamen ab Ende fünfzig sicher schon aus dem Trab. Er mußte aber ebenfalls zugeben, daß die ländliche Atmosphäre hier ihn zusätzlich beflügelte. Sie umgab die körperliche Liebe mit einer Aura der Unschuld, die sie in diesen verkommenen Großstädten längst verloren hatte.

Petra spürte, wie die monotonen Quietschgeräusche sie langsam einschläferten. Sie war unentschieden, ob sie dies gut oder schlecht finden sollte. Mit zunehmender Müdigkeit sanken ihre Ansprüche: Einerseits wuchs somit die Chance, daß die heutige Nacht doch nicht völlig vertan war, andererseits konnte sie es nicht gutheißen, daß der Mann so billig davonkam.

Willi merkte, wie sich seine Gedanken entspannten. Vielleicht sollte er den Status der Sexualität in der Gesellschaft der Zukunft noch einmal neu überdenken. Er fühlte sich frei wie ein Adler, der mit kraftvollen Schwingen die Lüfte zerteilt.

Petra beschloß, sich ihrer Müdigkeit zu fügen. Würde sie Willi jetzt zu einer Änderung ihrer Stellung drängen, wäre für heute nacht vermutlich alles verloren.

Der Adler schwang sich weiter empor. Sein ganzer schwereloser Körper hielt angespannt Ausschau nach Beute, die sich unten im Gebüsch verbarg.

Petra schloß die Augen, atmete tief aus und ließ den Schlaf in wachsenden Wellen über sich kommen.

Mit einem spitzen Schrei stieß der Adler hinab. In seinen Krallen hielt er ein kleines Tier, das in Todesangst zuckte.

Die Kirchturmglocken schlugen einmal. Im Zimmer herrschte wieder Stille, nur das Wasser rauschte, und das Holz im Ofen knisterte.

Maier-Abendroth strich sich eine Strähne aus dem Gesicht. »Ach ja, Petra, was ich ganz vergessen habe: du mußt morgen nach Berlin zurückfahren. Am Nachmittag kommt eine Journalistin von der *Wochenpost* zum Interview, ich denke, es ist für uns beide besser, wenn sie dich hier nicht antrifft.«

Die Madonna lächelte milde.

Morgenröte

Im Flur, in Nähe der Wohnungstür, lag ein großes, unförmiges Paket, das mit einem von Ulfs Badehandtüchern zugedeckt war. Anja stellte befriedigt fest, daß die Homos bereits erste Schritte zur Beseitigung von Vicos sterblichen Überresten unternommen hatten. Nach zwölf Stunden Tiefschlaf fühlte sie sich für die anstehende Abrechnung sowohl mit den beiden als auch mit Maier-Abendroth bereit.

Ulf saß am Küchentisch und rührte abwesend in einer Kaffeetasse, aus dem Bad erklang das Brummen eines Rasierapparates. Als Ulf Anja kommen hörte, blickte er mit geröteten Augen auf. Es sah so aus, als ob er mal wieder geheult hätte.

»Na, Beziehungsstreß mit Peer?« Gutgelaunt nahm sich Anja eine Tasse, schenkte sich Kaffee ein und setzte sich Ulf gegenüber auf einen der freien Klappstühle.

»Ach Anja, der arme Vico. Er dudmer ja so leid.«

Anja schlug ihre unter dem Kimono nackten Beine übereinander. »Ulf, das ist unlogisch. Vico ist tot und kriegt nichts mehr mit, also braucht er dir auch nicht leid zu tun. Er hätte dir höchstens gestern abend leid tun können, als er euren Fraß geschluckt hat. Aber das hättest du dir eben vorm Kochen überlegen müssen.«

Ein Tränchen kullerte über Ulfs linke Wange. »Isch hab' ihn so gemocht, er war so' n goldischer Hund.«

»Sei froh, daß Vico das Zeug gefressen hat, vielleicht wärt ihr zwei sonst dran krepiert.«

Nun strömten die Tränen aus beiden Augen. »Anja, sag doch net so ebbes, daran derf isch ja gar net denke'. Dabei wolldemer doch nur Fisch koche', un' dann, stellder des vor, uff eimal wäre mir beide dod, so ganz blötzlich.«

Soviel Anja verstand, war Ulf gerade dabei, die Fragilität menschlichen Lebens zu entdecken. Sie nahm einen großen Schluck aus ihrer Kaffeetasse. Im Bad war das Rasiererbrummen von Duschprasseln abgelöst worden. »Kannst du mir vielleicht verraten, was ihr da für einen Molotow-Eintopf zusammengekocht habt? Als ich gestern in die Wohnung gekommen bin, hätte ich beinahe gekotzt.«

Ulf wurde immer noch von Weinkrämpfen geschüttelt. »Isch wases net, es war halt so'n neues Rezept, das Peer mitgebracht hat.«

»Hat er sich das vom Chef-Chemiker bei Schering geben lassen?«

»Ach Anja, mach disch doch net aach noch lustisch üwwer uns.«

Anja fand, daß es mit dem Dialektgequatsche nun eigentlich reichte. »Vielleicht solltet ihr euch beim Kochen eben nicht nebenbei mit anderen Dingen ablenken. Don't fuck while you cook!«

»Was höre ich da für weise Ratschläge?« Peer hatte seine Morgentoilette beendet und stand stahlblau grinsend in der Badezimmer- beziehungsweise Speisekammertür.

Anja drehte sich um. »Schön, daß du auch fertig bist, dann könnt ihr beide euch jetzt nämlich zusammen überlegen, wo Ihr Vico hinschafft – und zwar bald, ich glaube, er fängt schon an zu stinken.«

Peer schnappte sich ebenfalls eine Tasse, goß sich in

aller Seelenruhe Kaffee ein und setzte sich auf den verbleibenden freien Stuhl am Küchentisch. »So schnell fängt ein Kadaver nicht an zu verwesen. Außerdem finde ich es überhaupt nicht klar, daß Ulf und ich uns um diesen toten Köter kümmern sollen. Schließlich hast du ihn ja in die Wohnung gebracht.«

Anja knallte ihre Tasse auf den Tisch. Ihre Nüstern weiteten sich unheildrohend. »Ich glaub', es geht los. Du fickst Ulf auf meinem Küchentisch, du verpestest meine Wohnung mit deinem Fischragout, du vergiftest den Hund meiner Freundin. Und jetzt willst du dich nicht einmal darum kümmern, die Spuren deiner letzten Unverschämtheit zu beseitigen?«

Ulf hatte vor Schreck aufgehört zu heulen, er konnte es nie ertragen, wenn sich seine Freunde stritten. »Anja, laß doch. Peer und ich machen das. Nicht wahr, Peer?«

Bevor dieser antworten konnte, klingelte das Telefon. Ulf sprang auf. »Ich geh schon ran. – Ja hallo, hier Ulf Laumers.«

Anja band schnaubend den Kimono neu, der sich bei ihrem Ausbruch geöffnet hatte.

»Wer soll hier wohnen, 'ne Frau Sommer? Kenn' ich nicht. Ich glaub', da hat Ihnen jemand 'ne falsche –«

Unsanft riß Anja Ulf den Hörer aus der Hand. »Ja?!«

»Frau Sommer, sind Sie es? Ich glaube, es ist etwas passiert.«

»Ach, Sie. Warten Sie einen Moment.« Anja verzog sich mit dem Telefon in ihr Zimmer. »Was ist los?«

»Petra Uhse ist verschwunden.«

Anja ließ sich auf ihre Matratze fallen. »Ja und?«

Lévi-Brune verschlug es für einen kurzen Augenblick die Sprache. »Äh ja, wieso ›ja und‹?«

Anja suchte nach Zigaretten. Irgendwo neben dem Bett mußte noch ein Päckchen liegen. »Was heißt, ›Petra Uhse ist verschwunden‹? Woher wissen Sie denn, daß sie nicht einfach einkaufen gegangen oder ein paar Tage weggefahren ist?«

»Ich war gestern abend mit ihr verabredet. Es war aber nur ihre Mitbewohnerin zu Hause, und die meinte, Petra hätte am Nachmittag ihre Sachen gepackt und gesagt, sie wisse noch nicht, wann sie wieder zurückkommt. Wohin sie fährt, hatte sie ihr auch nicht sagen wollen.«

Anja hatte endlich ihre *Prince* gefunden. »Wissen Sie, Herr Lévi-Brune, Frauen haben manchmal Geheimnisse, die sie nicht einmal ihren Mitwohnerinnen anvertrauen wollen.«

»Ja äh, da war aber noch was. Gestern vormittag hatte Petra Besuch von einer Frau, die völlig aufgelöst war und über die sich Petra ziemlich aufgeregt hat. Meinen Sie nicht, da könnte irgendein Zusammenhang bestehen?«

Anja blies einige Rauchkringel in die Luft. Die Vorstellung, daß Susanna und Petra jetzt in irgendeinem Himmelbett in der Karibik lagen, amüsierte sie durchaus. »Sie meinen, daß Frau Uhse mit dieser Frau, die sie am Vormittag besucht hat, abgehauen sein könnte?«

Der Gedanke brachte Lévi-Brune ins Stocken. »Äh, ich dachte eher, es hängt mit der Angelegenheit Schreiner zusammen. – Ich habe Ihnen gestern nicht alles gesagt. Petra Uhse und Schreiner haben sich nämlich wirklich gehaßt.«

»Ja und?«

Die Nervosität am anderen Ende der Leitung wuchs. »Könnte Petra Uhse nicht ein schlechtes Gewissen haben und nun auf der Flucht sein, weil diese Frau gestern etwas wußte?«

Anja sagte sich, daß man wohl Logik studiert haben mußte, um auf diese elegante Kausalverbindung zu kommen. »Möglich ist das schon, Herr Lévi-Brune, aber ich würde an Ihrer Stelle jetzt erst einmal abwarten. Vielleicht ist Frau Uhse wirklich nur übers Wochenende weggefahren und kommt am Sonntag wieder zurück. Ansonsten gibt es da eine prima Sendung bei *SAT 1*, heißt ›Bitte melde dich!‹. Die können Ihnen bestimmt weiterhelfen, wenn Frau Uhse verschwunden bleibt.«

»Äh ja, äh wie –«

Anja legte auf. Ihretwegen konnte Petra Uhse auf Nimmerwiedersehen verschollen bleiben.

Es war fast eins. Bevor sie in den Spreewald fuhr, wollte Anja noch in Ruhe frühstücken, also machte sie sich auf den Weg in die Küche. Sie hoffte, daß die beiden Homos inzwischen wieder Vernunft angenommen hatten.

Peer stand am Herd und briet Spiegeleier mit Speck. Ulf stand an der Spüle und wusch ab. Bei diesem Bild der Freude war Anja sogar geneigt, die Frechheiten von eben zu vergessen. Sie setzte sich an den Küchentisch, Ulf unterbrach sein Spülen. »Sag mal, seit wann nennst du dich denn Sommer?«

Der Kaffee in Anjas Tasse war kalt geworden. »Seit vorgestern. – Habt ihr noch warmen Kaffee da?«

Ulf brachte ihr die Kanne. »Was soll denn der Quatsch? Is' das jetzt dein Undercover-Name?«

Anja goß sich von der dampfenden tiefschwarzen Brühe ein. »Ja.«

Mit einer beleidigten Geste warf sich Ulf das Spültuch über die Schulter und wandte sich wieder zum Abwasch. »Wenn du mir mal wieder nichts sagen willst, dann laß es halt. Aber okay finde ich das nicht von dir.«

Eine Zeitlang war in der Küche nichts zu hören als Ulfs geschäftiges Tellerklappern und das gleichmäßige Brutzeln vom Herd. Peer stellte die Gasflamme kleiner. »Wie geht's denn deinen privatdetektivischen Ermittlungen? Hast du dir Maier-Abendroth schon mal vorgenommen?«

Anja war gerade dabei gewesen, den Duft der Ham and Eggs zu inhalieren. Sie hielt einen kurzen Moment die Luft an. »Ach? Ich denke, du hältst das alles nur für jämmerliche Sentimentalitäten.«

»Na ja, neugierig bin ich natürlich schon, was hinter der Sache steckt.«

»So, so.« Anja streckte ihre immer noch nackten Beine unter dem Küchentisch aus.

Ulf hatte währenddessen begonnen, Besteck und frischgespülte Teller auf dem Tisch zu verteilen. »Anja, ich finde es total albern, daß du die große Geheimnisvolle spielst.«

»Und ich finde es total albern, Klatschecke für sensationsgeile Homos zu spielen.«

Ulf zog eine Schnute, und Peer brachte die schwere Pfanne auf den Tisch. Wenig später breitete sich einträchtiges Schmatzen über der Tafel aus. Anja mußte zugeben, daß die Speckeier mindestens so gut waren, wie der Fischeintopf gestern ekelhaft gerochen hatte. Peer unterbrach das Kauen. »Heißt das, du interessierst dich nicht mehr für die ganze Sache?«

Anja biß in ein krosses Speckstück. »Maier-Abendroth ist nachher fällig. Ich fahr' zu seiner Wochenendresidenz in Lübbenau. Und jetzt ist Schluß mit der Nerverei.«

Von Peers Gabel tropfte das Eigelb auf die Tischplatte. »Wie, Willi hat 'n Häuschen im Spreewald? Der alte Halunke, kauft sich 'n Ostschuppen, damit er ungestört seine Kerls vernaschen kann.«

Anja beschloß, noch eine zweite Portion zu nehmen, schließlich mußte sie heute bei Kräften sein. »Ich glaube nicht, daß er da nur Kerls vernascht. Die Einladung an mich war ziemlich eindeutig. Und hättet ihr jetzt die Liebenswürdigkeit, die Schnauze zu halten und mich in Ruhe zu Ende frühstücken zu lassen?«

Gekränkt hatte Ulf angefangen, seinen Teller abzulecken, eine Angewohnheit, die Anja zwar spültechnisch sinnvoll fand, unter ästhetischen Gesichtspunkten aber kategorisch ablehnte. »Ulf, könntest du es vielleicht auch unterlassen, den Teller abzulecken wie ein Hund?«

Ulf ließ den Teller sinken, Eigelb hing an seiner Nasenspitze. Mit waidwundem Blick schaute er Anja an. »Ach Anja, erinner misch doch net an den armen Vico.«

Der zwanglose Zwang
des besseren Arguments

Der Asphalt hatte schon lange aufgehört, und Hektor fuhr seit mehreren Kilometern über Kopfsteinpflaster. Anja folgte einem Holzpfeil mit der Aufschrift »Hier Spreewaldgurken«, indem sie nach rechts in einen Lehmweg bog. Links des Weges plätscherte ruhig ein Kanal, rechts reihten sich einstöckige Häuser im ländlichen Stil der Niederlausitz. Nach einigen hundert Metern wurde die Bebauung spärlicher, die Häuser ließen größere Abschnitte brachliegenden Landes frei. Das wütende Gekläffe eines Schäferhundes begleitete Hektor, bis Anja ihn neben einem weißen Citroën mit Berliner Kennzeichen parkte. An der Hauswand hinter dem Auto waren akribisch Holzscheite aufgeschichtet. Anja brauchte nicht auf die Hausnummer zu schauen, um zu wissen, daß sie Maier-Abendroths ostdeutsche Todtnauberg-Idylle erreicht hatte. Heidegger wäre sicher vor Neid erblaßt.

Mit einem skeptischen Blick öffnete Anja die Fahrertür. Sie lobte sich für ihre Voraussicht, keine Pumps angezogen zu haben. Hektor würde allerdings morgen eine gründliche Wäsche brauchen. Sie versicherte sich, daß das Diktiergerät, das ihr jemand aus unerfindlichen Gründen zur Praxiseröffnung geschenkt hatte, in ihrer Handtasche war, und begann, um das Haus herum zum Eingang zu waten.

Trotz des kühlen, nebligen Wetters stand Maier-Abendroth lediglich mit Pullover und Hose bekleidet in der offenen Eingangstür, als Anja an den Holzscheiten vorbei um die linke vordere Ecke des Hauses bog. Noch bevor sie die Tür erreicht hatte, streckte Maier-Abendroth beide Arme zur Begrüßung aus. »Ah, Frau Sommer! Ist es nicht wunderbar hier? Diese Stille, die gleichzeitig voller Leben pulsiert, und diese Weite, die einen dennoch vertraut umfängt?« Maier-Abendroth beschrieb mit dem rechten Arm einen weiten Bogen über den Kanal. Anja folgte seiner Geste, deren Ziel sich im Nebel verlor. Mit einigen vorsichtigen Schritten gelangte sie zur Haustür und ließ sich von Maier-Abendroth die Hand drücken. »Ich bin so froh, daß Sie den Weg nach hier draußen gefunden haben, Frau Sommer. Sie können sich gar nicht vorstellen, wie wichtig diese Atmosphäre für mein Schaffen ist, ja beinahe möchte ich sagen, daß meine Arbeit ohne sie gar nicht zu denken wäre.«

Anja klapperte leicht mit den Zähnen, sie spürte, wie die nasse Kälte langsam an ihren Beinen hinaufkroch. »Ja, sehr ruhig haben Sie's hier. Wirklich zu beneiden.«

Wie die Sonne an grauen Tagen zog ein Strahlen über Maier-Abendroths Gesicht. »Als ich nach der Wiedervereinigung zum ersten Mal in diese Gegend kam, hatte ich gleich das Gefühl, daß meine Suche nun endlich ihre Erfüllung gefunden hat. Es dauerte keinen Monat, bis ich dieses Haus entdeckt und gekauft hatte. Seit über drei Jahren ziehe ich mich nun jedes Wochenende hierher zurück, um neuen Atem zu schöpfen.«

Anja hoffte, daß Maier-Abendroth seine Freilandausführungen bald beenden würde, die Kälte war ihr inzwischen empfindlich in die Knochen gestiegen.

»Bei klarerem Wetter können Sie über den Kanal bis

nach Lehde schauen, und dort hinten beginnt dann der eigentliche Spreewald.« Wiederum deutete Maier-Abendroth mit dem rechten Arm in den Nebel.

»Entschuldigen Sie, aber ich fürchte, ich würde lieber im Haus weiter mit Ihnen reden, ich hatte nämlich gerade eine Grippe und muß noch ein wenig auf mich aufpassen.«

Mit einem trockenen Räuspern beendete Maier-Abendroth seinen touristischen Rundblick durch den Nebel. »Selbstverständlich, Frau Sommer, wie unhöflich von mir. Aber Sie sehen, ich könnte ganze Tage hier in der Tür stehen, nach draußen schauen und darüber die Welt vergessen.« Maier-Abendroth strich sich eine silbergraue Strähne aus der Stirn und trat zur Seite, um Anja zuerst eintreten zu lassen. Mit Wohlbehagen registrierte sie den dunkelbraunen Kachelofen, der rechts in der hinteren Ecke des niedrigen Raumes brannte. Allerdings hatte sie selbst in Kreuzberg und Neukölln zu lange in Ofenwohnungen gelebt, um einer Holz- und Kohlenromantik verfallen zu können.

Neben dem Kachelofen führte eine Tür vermutlich ins Schlafzimmer, den vorderen Raum schien Maier-Abendroth als Wohnküche und Arbeitszimmer zu nutzen. Auf dem kleinen weißen Holztisch an einem der Fenster zum Kanal stand eine alte »Olympia« mit eingespanntem Blatt, links von ihr lag ein Stapel unbeschriebenen, rechts ein Stapel bereits beschriebenen Papiers. Die Nessel-Vorhänge vor dem Fenster waren aufgezogen.

»Das ist also meine bescheidene gute Stube. In unserer übersättigten Welt habe ich die Kargheit der hiesigen Lebensart mehr und mehr zu schätzen gelernt.« Maier-Abendroth hantierte etwas unbeholfen an dem alten Kohlenherd mit Wasserkessel und metallener Kaffeekanne herum. »Aber bitte, Frau Sommer, setzen Sie sich doch.«

Anja setzte sich auf einen Holzschemel an den Küchentisch, von dem aus man den diesigen Blick auf ein entfernteres Nachbarhaus hatte. Die zerquetschten Mücken auf der Fensterscheibe mußten noch aus dem letzten Sommer stammen.

Auf dem Tisch standen mehrere Gläser und Tassen, zwei der Gläser trugen an der Kante die Spuren dunkelroten Lippenstifts. Anja sagte sich, daß sie Maier-Abendroth in jedem Fall falsch eingeschätzt hatte: Entweder hielt er sich hier doch nur seine weibliche Wochenendgeliebte, oder aber seine versteckte Neigung galt nicht nur einfach Männern, sondern Transen. Verstohlen warf sie einen Blick zu der geschlossenen Tür am hinteren Ende des Raumes.

Maier-Abendroth war indessen weiter mit der Kaffeezubereitung beschäftigt. »Sie müßten unbedingt einmal im Frühjahr hierherkommen, es ist überwältigend mitanzusehen, mit welch originärer Kraft die Natur hier aus ihrem langen Winterschlaf hervorbricht.«

Anja starrte weiter unverwandt auf die Tür neben dem Kachelofen.

Maier-Abendroth holte aus einem alten Bauernschrank zwei Tassen, die er zu den benutzten auf den Küchentisch stellte. »Haben Sie mit Ihrem Artikel bereits begonnen?«

»Äh, was? Wie bitte?« Anja riß sich von dem Anblick der verschlossenen Holztür los. »Entschuldigen Sie, ich war gerade etwas abwesend.«

»Ich fragte, ob Sie mit Ihrem Artikel bereits begonnen haben.«

Anja hoffte, daß der Kaffee einigermaßen genießbar sein würde, denn trotz der zwölf Stunden Tiefschlaf in der Vornacht fühlte sie sich jetzt ein wenig schläfrig.

»Ja, doch, das Portrait steht in den wesentlichen Zügen. Ich habe diesbezüglich noch einige Fragen an Sie, aber ich denke, wir sollten mit dem Interview beginnen – wenn es Ihnen recht ist.«

»Selbstverständlich, ich richte mich da ganz nach Ihren Vorstellungen.« Maier-Abendroth holte die Kaffeekanne vom Herd und stellte sie auf einen gußeisernen Untersetzer. Er blickte Anja an. »Wie ist es Ihnen am liebsten? Soll ich mich gegenüber setzen oder neben Sie?« Während der letzten Sätze machte er einige Schritte auf Anja zu.

»Gegenüber.«

Maier-Abendroth blieb mit einem kurzen Hüsteln stehen. »Ja sicher.«

Er postierte einen Holzschemel an der gewünschten Seite des Küchentisches, und Anja holte das Diktiergerät zusammen mit dem vorbereiteten Fragezettel aus ihrer Tasche.

»Darf ich Ihnen vorher noch einen Kaffee anbieten? Er ist nach dem jahrhundertealten Rezept dieser Gegend mit Zichorie zubereitet.«

Anja haßte Muckefuck, aber angesichts ihrer ungelegenen Müdigkeit blieb ihr keine andere Wahl. »Ja bitte, sehr gern.« Sie wartete, bis Maier-Abendroth eingeschenkt und sich auf seinen Schemel gesetzt hatte, dann stellte sie das Diktiergerät an.

»Herr Maier-Abendroth, worin sehen Sie die Aufgabe von Philosophie heute?«

»Nun, zunächst einmal ist an Ihrer Frage zu betonen, daß sich Philosophie immer vom Heute her bestimmt. Wir müssen heute anders philosophieren, als wir es noch vor zwanzig Jahren konnten. Die Aufgaben von Philosophie haben sich vor allem seit dem Fall der Mauer radikal geändert. In der erstarrenden alten Bundesrepublik war die Philosophie kurz davor, sich endgültig von gesellschaftlichen Realitäten abzuschotten und sich in den sprichwörtlichen akademischen Elfenbeinturm zurückzuziehen. Durch den politischen Umbruch und die gesellschaftlichen Umwälzungen hat die Philosophie die Chance erhalten, wieder ins Leben zu treten – nur muß sie diese glückliche Chance auch zu nutzen wissen. In den letzten Jahrzehnten hat sich eine Auffassung von Philosophie etabliert, die Philosophie auf ein rein formales Unternehmen beschränken will. Was hilft es aber, wenn die Philosophen den Menschen sagen, sie sollen ein gutes oder gerechtes Leben führen, wenn sie ihnen dann nicht sagen können, was das Gute und Gerechte ist? Die Philosophie ist in dieser Angst vor Inhalten blutleer und realitätsfern geworden. Wir brauchen neuen philosophischen Mut zu klaren Antworten.«

Während der Ausführungen Maier-Abendroths hatte Anja einige Male vorsichtig an ihrer Tasse genippt, den Versuch, dieses Zeug zu trinken, aber schnell wieder aufgegeben. »Heißt das, daß Sie die Philosophie wieder stärker in die Politik einbinden wollen?«

Maier-Abendroth nahm einen kräftigen Schluck Zichorienkaffee. »Der Gedanke einer Verschränkung von Philosophie und Politik ist ohne Zweifel ein Schritt in die richtige Richtung, wenn Sie jedoch auf Platon anspielen und seine Vorstellungen vom Staat der Weisen, so halte ich dies für einen Schritt zuviel. Philosophen sollten von sich aus auf die Agora, an eine größere Öffentlichkeit treten wollen und keine Angst haben, sich dabei ihre akademischen Hände schmutzig zu machen. Ich halte es auch durchaus für denkbar, daß Philosophen in größerem Maße in politische Entscheidungsfindungsprozesse einbezogen werden, nur – ich betone es noch einmal – bevor die Politik die Philosophie aufnehmen kann, muß sich die Philosophie ändern.«

»Welchen Stellenwert hat die Philosophie in Ihrem Leben, Herr Maier-Abendroth?«

»Die Frage nach dem Verhältnis von Philosophie und Leben ist eine sehr wichtige Frage. Philosophie ist keine Wissenschaft wie andere, bei denen man tagsüber im Hörsaal oder Labor steht und abends vergessen kann, was man tagsüber getan hat. Philosophie ist eine Lebensform, ja beinahe möchte ich sagen: eine Passion. Sie begleitet einen unablässig.« Maier-Abendroth strich sich eine Strähne zurück, die bei seinen letzten Sätzen ins Gesicht gefallen war.

Anja rückte ihre Kaffeetasse ein Stück weiter von sich weg. »Daraus darf ich doch sicher schließen, daß Sie eine Harmonie von philosophischen Überzeugungen und Privatleben für unumgänglich halten?«

Etwas irritiert rückte Maier-Abendroth die Lesebrille auf seiner Nase zurecht und räusperte sich. »Ja, ganz gewiß denke ich, daß ein Denker mit seinem Leben für das einstehen muß, was er denkt. Andernfalls könnte und dürfte er es gar nicht denken.«

Anja fixierte Maier-Abendroth über ihre schmale, schwarze Kastenbrille hinweg. »Wie erklären Sie sich dann die Vorwürfe, daß Sie trotz Ihrer theoretischen Verurteilung von Homosexualität im praktischen Leben homosexuelle Neigungen ausagieren?«

Maier-Abendroth stellte die Kaffeetasse ab, aus der er gerade einen Schluck hatte trinken wollen. »Aber liebe Frau Sommer, was sind denn das für absurde Anschuldigungen. Ich soll homosexuelle Neigungen ausagieren? Da kann ich ja nur lachen.« Zur Unterstützung seines letzten Satzes lehnte sich Maier-Abendroth zurück und setzte ein hohl dröhnendes Lachen auf.

»Vielleicht erscheinen Ihnen die Anschuldigungen weniger absurd, wenn Sie sich daran erinnern, daß Ihr guter Freund Rudolf Schreiner eine stadtbekannte Schwuchtel war und Sie des öfteren mit ihm zusammen gesehen wurden.«

Maier-Abendroths Lachen riß ab, seine Augen zogen sich zu Schlitzen zusammen. »Aber das sind ja völlig aberwitzige Geschichten, die Sie hier verbreiten. Ich wußte nicht, daß die *Wochenpost* solche Revolverblatt-Methoden anwendet. Schalten Sie sofort Ihr Aufnahmegerät aus, unter diesen Bedingungen bin ich nicht bereit, das Interview fortzusetzen.«

Anja stand auf, während das Diktiergerät auf dem Tisch weiterlief. »Herr Maier-Abendroth, es geht hier nicht um Revolverblatt-Methoden, sondern um Mord. Sie haben Rudolf Schreiner ermordet, nachdem dieser Ihnen androhte, Sie mit Ihren schwulen Neigungen zu erpressen.«

Maier-Abendroth erhob sich ebenfalls und stützte beide Arme unheilverheißend auf den Tisch. Er zischte mehr als er sprach. »Sie verlassen augenblicklich mein Haus. Suchen Sie sich für Ihren billigen Sensationsjournalismus ein anderes Opfer.«

»Dann haben Sie Rebecca Lux denunziert, um den anschließenden Mord an ihr wie Selbstmord aussehen zu lassen. Sie war Ihnen doch schon lange ein Dorn im

Auge. Immerhin waren Sie intelligent genug zu erkennen, daß Sie selbst im Vergleich zu ihr nur armselige Trivialitäten –«

»Raus!« Maier-Abendroth hatte inzwischen einen hochroten Kopf. Er zitterte am ganzen Körper. »Raus! Oder ich hole die Polizei! Ich werde Sie anzeigen!«

Anja stützte den rechten Arm in die Hüfte. »Sie gestatten, daß ich lache. Wie wollen Sie denn ohne Telefon die Bullen alarmieren. Im übrigen wäre ich an Ihrer Stelle nicht so scharf auf Polizei. Die sehen Sie noch früher, als Ihnen lieb sein kann.«

Maier-Abendroth löste sich langsam aus seiner Position. Bevor er auf Anja losgehen konnte, hatte sie ihn bereits am Pullover gepackt und zog ihn ganz nah zu sich heran. »Du miese kleine Ratte, du aufgeblasener Ersatz-Sokrates, was du mit Schreiner angestellt hast, ist mir ja scheißegal, aber für Rebecca zahlst du mir – und für meine Kaution.«

Aufgrund der Faust unter seiner Kinnlade entwich Maier-Abendroth als Antwort lediglich ein heiseres Fauchen. Anja stieß ihn ein Stück von sich weg, um besser zum Schlag an die Halsschlagader ausholen zu können. Maier-Abendroth taumelte rückwärts und krachte an den Kohlenherd, wo er leise röchelnd zusammensank. Offensichtlich hatte er sich bei dem Schlag auf die Lippe gebissen, denn ein kleiner Blutfaden rann seitlich von seinem Kinn hinab. Die Lesebrille lag einige Meter weiter auf dem Boden. Er keuchte, als er mühsam den Mund zum Sprechen öffnete. »Sie sind ja wahnsinnig. Wollen Sie mich umbringen?«

»Keineswegs. Ich brauche Sie noch für meine Kaution.« Anja zog Maier-Abendroth am Pullover wieder empor. »So, hübsch stehengeblieben. Ich finde, für einen Mann zeigen Sie reichlich wenig Haltung.« Diesmal plazierte Anja ihre rechte Faust kurz unter seiner Kinnlade. Maier-Abendroth stürzte rückwärts über den Küchentisch. Aus den Winkeln angstvoll geweiteter Augen verfolgte er, wie Anja langsam näherkam. »Hilfe! Hilfe!«

Es antwortete nur das Plätschern des Flusses.

»Was soll das? Was wollen Sie? Haben Sie doch Mitleid!«

»Unerfüllte Frauen kennen kein Mitleid – das wissen Sie doch selbst –, und im Augenblick fühle ich mich sehr unerfüllt. Wollen Sie mir nicht vielleicht doch etwas zu Schreiner und Rebecca Lux erzählen?« Anja blieb einen Moment über Maier-Abendroth gebeugt stehen. »Nein? Na gut, Sie haben es so gewollt.« Sie richtete Maier-Abendroth wieder auf, um ihr Knie von schräg unten zwischen seinen Beinen landen zu lassen. Wimmernd, mit gefalteten Händen vor der Cordhose krümmte er sich auf dem blanken Dielenboden. Anja betrachtete ihn eine Weile. Es amüsierte sie immer wieder von neuem, wie leicht dieser kleine Schwellkörper, aus dem Männer ihr vermeintliches Selbstbewußtsein bezogen, sich als ihre Schwachstelle enttarnte. Als Frau mit jederzeit zuverlässiger, ab- oder anschnallbarer Lederprothese war man entschieden besser dran.

Anja schaltete das Diktiergerät aus, packte ihre Handtasche, die noch auf dem Küchentisch lag, und ging in Richtung Tür. Mit einem durchaus milden Lächeln drehte sie sich auf der Schwelle noch einmal um. »Willi, wir sehen uns!«

HOLZWEGE

Der Nebel hatte sich inzwischen über die ganze Niederlausitz ausgebreitet. Leise pfeifend fuhr Anja beim Dreieck Spreewald wieder auf die Autobahn oder genauer: auf das, was hier Autobahn genannt wurde. Sie vermutete, daß es die ostdeutsche Variante von russischem Roulette war, mit dem Trabi über die zehn Meter langen, kopfsteingepflasterten Auffahrten zu holpern und dann im ersten Gang auf die Autobahn einzubiegen – nun ja, mit Hektor sollte sie das nicht weiter stören.

Anjas gute Laune wurde ein wenig durch Sorgen um Hektor getrübt, irgend etwas mit der Elektrik schien nicht in Ordnung zu sein. Beim Zünden war keine der Kontrollampen angegangen, offensichtlich gab es irgendwo einen Kurzschluß – aber wen wunderte das schon bei diesem feuchten Wetter. Andererseits hatte Hektor noch nie einen organischen Schaden gehabt, nur der elektrische Fensterheber und das Radio hatten einmal Mucken gemacht. Da sie aber in Lübbenau für Hektor nichts tun konnte und am Montag wegen des Sterns sowieso in ihre Werkstatt mußte, hatte Anja beschlossen, die Fahrt nach Berlin ohne Kontrollampen anzutreten.

Anja überholte zwei Trabis, die auf der rechten Spur durch den Nebel krochen. Sie hatte auf ihrem Tonband zwar noch nicht das gewünschte Geständnis, aber über kurz oder lang würde sie Maier-Abendroth schon zur

Raison bringen. Sie bedauerte, daß sie das Geheimnis der Lippenstiftgläser nicht hatte lüften können. Auch ein dezenter Blick unter den Küchentisch hatte leider keine roten Lackpumps in Größe fünfundvierzig oder ähnlich eindeutige Requisiten offenbart.

Anja versuchte sich auszumalen, wie Maier-Abendroth vor einer ein Meter neunzig langen Domina-Transe auf dem Küchenboden herumrutschte und um Bestrafung für seine Sünden bettelte. Kein schlechtes Bild. Vielleicht verbarg sich hinter der geschlossenen Holztür kein bäuerliches Schlafzimmer, sondern eine Folterkammer mit Kreuz, Käfig, Stahlketten und allen Raffinessen. Anja ärgerte sich, daß sie Maier-Abendroth nicht gefragt hatte, welche Form von Sündenablaß er im zwanzigsten Jahrhundert für die gemäße hielt. Sie steckte sich mit dem Zigarettenanzünder eine *Prince Denmark* an.

Wenn Maier-Abendroth Schreiner zerlegt hatte, dann sicher in diesem Hinterzimmer. Er hatte seinen Kollegen zu einem gelehrten Wochenenddiskurs eingeladen und ihn dann ans Kreuz gehängt. Maier-Abendroth heizte mit Holz, und wo es Ofenholz gab, gab es auch Sägen und Äxte. Anja fragte sich, ob er Schreiner lebendig zerlegt oder vorher auf andere Weise ins Jenseits befördert hatte. Immerhin waren unter dem Gulasch im Institut keine Kleiderfetzen gewesen. Das sprach dafür, daß sich Maier-Abendroth mit seinem Kollegen vorher schon vergnügt hatte. Anjas Gedanken wurden unterbrochen, gerade als sie überlegte, ob Schreiner zunächst von unten nach oben in zwei Hälften zerlegt worden war.

Nur schemenhaft, aber dennoch erkennbar, kam über die Auffahrt ungefähr hundert Meter vor ihr ein

Trabi im ersten Gang geschlichen, blinkte einmal nervös und zog auf die Fahrbahn herüber. Anja trat mit voller Kraft in die Bremsen – nichts. Mit unverminderter Geschwindigkeit raste Hektor auf den himmelblauen Trabi zu. In letzter Sekunde riß Anja das Lenkrad nach links. Die Zigarette fiel ihr aus der Hand und brannte ein Loch in ihre Hose. Aber sie hatte keine Zeit, den Schmerz zu spüren, denn Bruchteile von Sekunden später schoß Hektor durch die Leitplanken, schleuderte über die beiden Gegenfahrbahnen und krachte ins Unterholz.

Aus den Kiefernwipfeln flog laut schimpfend ein Schwarm Krähen auf.

Lichtung

Anja schlug die Augen auf. Irgendwo läuteten Kirchenglocken. Einen Moment lang blinzelte sie irritiert in das herbstliche Morgenlicht, das durch das Zimmer flutete, dann erinnerte sie sich wieder, daß sie bei Susanna war. Gestern abend, nach ihrem Unfall, hatte sie sich vom Abschleppdienst zu ihr bringen lassen. Susanna hatte darauf bestanden, Anja zum Röntgen in ein Krankenhaus zu fahren, aber eine Tour in Susannas Fiat war das allerletzte, zu dem Anja gestern nacht noch zu bewegen gewesen wäre.

Ihr taten zwar immer noch alle Rippen weh, aber dank Hektors Airbag, großer Knautschzone und besonders stabilisierter Fahrgastzelle fühlte sie sich ansonsten unversehrt. Hektor selbst befand sich allerdings in einem katastrophalen Zustand. Der Abschleppdienst hatte zweieinhalb Stunden gebraucht, um ihn aus den drei Kiefern zu befreien, die er erst halb gefällt und in denen er sich dann verkeilt hatte. Anja durfte gar nicht daran denken, was jetzt aus ihm würde. Sie wußte nur eines: im Kampf geschlagene Helden brachte man nicht auf den Schrottplatz.

Anja drehte sich mit einem leichten Stöhnen auf die Seite. Die andere Hälfte des schwarzen Satin-Bettes war leer. Der Wecker zeigte kurz vor elf. Susanna war also schon auf Achse, sie hatte gestern vor dem Einschlafen irgendwas von einer Matinée erzählt, bei der sie singen würde.

Anja war zwar nicht gerade hellwach, aber dennoch stand sie auf, ohne weitere Umstände zu machen. Soweit sie sich erinnern konnte, war es der erste Morgen in ihrem Leben, an dem sie beinahe froh war, aufstehen zu können.

In der kleinen, hellen Küche stand ein liebevoll gedeckter Frühstückstisch: frischgepreßter Orangensaft, Milch mit Müsli, Vollkornbrot, pflanzliche Halbfettmargarine und Gemüsesülze. Susanna wußte, daß Anja jegliche Form von Diät- oder Vollwertkost haßte wie die Pest. Auf dem Teller lag ein aufgeschlagenes Buch, die Buchdeckel zeigten nach oben: »Shakespeare, Gesammelte Dramen II«. Anja drehte den Band um, zwei Zeilen waren mit Bleistift angestrichen. »Marschiert nur fort, die Botschaft hinzutragen: Hektor ist tot! Da ist nichts mehr zu sagen.«

Anja klappte das Buch zu. Sie hatte im Augenblick wahrlich andere Probleme, als sich Shakespeares Kommentar zu ihrem Auto anzuhören. Seit gestern abend wußte sie, daß jemand ein akutes Interesse daran hatte, sie aus dem Weg zu schaffen. Hektors Bremsen versagten nicht von selbst. Anja konnte zwar nicht leugnen, daß es Leute gab, die ihren Tod im allgemeinen nicht bedauern würden, aber an so viel Zufall, daß der Anschlag auf sie nichts mit den Philosophenmorden zu tun hatte, wollte sie nicht glauben. Es mußte der Mörder Rebeccas und Schreiners gewesen sein, der gestern sie aus dem Weg hatte räumen wollen.

Etwas skeptisch begann Anja, den Orangensaft umzurühren und die Milch über das Müsli zu gießen. Anständiger Kaffee war in diesem Haushalt natürlich nicht aufzutreiben und Caro-Kaffee fehlte ihr heute morgen gerade noch. Der erste Löffel Müsli schmeckte so scheußlich wie erwartet, lustlos rührte Anja in den Körnern herum, die zum Teil an der Milchoberfläche schwammen, zum Teil abgesunken waren.

Hektors Bremsleitungen mußten durchschnitten und die Kontrollampen kurzgeschlossen worden sein, während er vor Maier-Abendroths Wochenendhaus gestanden hatte. Maier-Abendroth selbst kam nicht in Frage, Anja hatte ihn keine Sekunde aus den Augen gelassen. Vielleicht hatte es in dem ominösen Hinterzimmer jemanden gegeben, der sich mit Bremsleitungen und Elektrik auskannte. Oder jemand war ihr in den Spreewald gefolgt.

Abwesend fischte Anja weiter in ihrem Müsli herum. Ihr Blick wanderte über die Brandmauer, die dem Küchenfenster gegenüber lag.

GOTT IST TOT, GEZ. NIETZSCHE
NIETZSCHE IST TOT, GEZ. GOTT.

Zum tausendsten Mal stellte sie fest, daß man es wohl in keiner anderen Stadt außer in Berlin mehr nötig hatte, uralte Sponti-Sprüche an die Wände zu schmieren. Plötzlich ließ Anja den Löffel in das Müsli fallen, daß es quer über den Tisch spritzte. Was hatte an den Glasscheiben vom Postraum damals im Institut gestanden? SCHREINER IST TOT. Eine gewisse strukturelle Ähnlichkeit mit den beiden Sätzen auf der gegenüberliegenden Wand ließ sich nicht leugnen. Und wie war es weitergegangen? DIE WAHRHEIT IST IM FRAGMENT. Sie war eine ausgemachte Idiotin. Natürlich: Die beiden Sätze waren nicht nur Untertitel zu dem Bild gewesen, das Schreiner im Postraum geboten hatte, sondern ein eitler Hinweis, wo die wahren Hintergründe der Tat zu finden seien: in den Fragmenten – wenn auch nicht Gottes – so doch Nietzsches.

Anja mußte in die entfernteren Regionen ihres Hirns hinabsteigen, um das Wenige zu finden, das dort jemals über Nietzsche hineingelangt war. Um die Methoden des Feindes kennenzulernen, hatte sie irgendwann während ihres Studiums »Also sprach Zarathustra« und »Geburt der Tragödie« gelesen. Genauer gesagt hatte sie von beiden Texten die ersten zwanzig Seiten gelesen, danach war in ihr derselbe Unwille gewachsen, der sich eingestellt hatte, als der Lautstärkeregler von Hektors Radio auf lautester Stufe eingefroren war. Daß der Mensch armselig und die Welt beschissen war, wußte sie selbst, und daß Friedrich Nietzsche deshalb glaubte verzweifeln zu müssen, hielt sie für sein persönliches Problem. Und persönliche Probleme interessierten sie in der Regel nur dann, wenn sie zu lukrativen Kunden gehörten.

Anja konnte sich erinnern, daß eine Posaune in dieser Dauerfanfare des Weltschmerzes die Verherrlichung des »freien Todes« war. Aber Schreiner hatte sich kaum selber umgebracht, und im Zusammenhang mit Rebecca wollte sie von Selbstmord nichts mehr hören. Obwohl ... Anja spürte zwei kleine Synapsen in ihrem Hirn zusammenklicken – sie hatte im Zusammenhang mit Rebecca etwas von Selbstmord gehört: und zwar von dieser selbst, am Morgen im Institut. Der Schreiner-Student, der sich umgebracht hatte. Jetzt im Nachhinein kam es Anja sonderbar vor, daß Rebecca ihr überhaupt davon erzählt hatte.

Während sie mit ihrem linken Zeigefinger in dem Müsli herumrührte, dachte sie darüber nach, wer mehr über diesen Selbstmord wissen könnte.

Das Erhabene

Obwohl der Sonntag strahlend begonnen hatte, waren am frühen Nachmittag dunkle Gewitterwolken aufgezogen. Ein kräftiger Wind kündigte Sturm an. Unter dem gehetzten Herbsthimmel eilte Anja zum Philosophischen Institut. Das sonntägliche, ausgestorbene Univiertel mit seinen Parkanlagen und klassizistischen Villen glich einem evakuierten Sanatorium.

Anja erreichte das Institut, als die ersten dicken Regentropfen gegen die großen Glasfassaden gepeitscht wurden. In den Scheiben spiegelte sich der schwefelgelbe Himmel. Hinter dem Gebäude, auf der Gartenseite, fand sie Fridtjof, der unter einem Vordach saß und ungerührt in seinen zahlreichen Plastiktüten herumsortierte. Er blickte auf, als er ihre Schritte hörte. »Der Tag ist gekommen.«

Anja schüttelte sich und trat ebenfalls unter das Vordach. Unter ihrem dünnen Anzug von gestern war sie bereits bis auf die Knochen naß. Fridtjof kramte weiter in seiner Plastiktüte mit Mensageschirr. Der alte Armeeschlafsack, den er sich um die Schultern gelegt hatte, verströmte einen scharfen Geruch.

»Fridtjof, du mußt mir helfen.«

Als Fridtjof seinen Namen hörte, überzog ein versonnenes Lächeln sein graues Gesicht – als hätte er soeben das Lieblingsspielzeug seiner Kindheitstage wiedergefunden.

»Fridtjof, kannst du dich an einen Studenten erinnern, der bei Schreiner studiert hat? Ein Student, der sich umgebracht hat?«

Der Clochard hatte die Augen geschlossen und war in einen leichten Wiegenrhythmus verfallen. Anja hielt die Luft an, bevor sie die verfaulende Gestalt an den Schultern schüttelte. »Kannst – du – dich – erinnern?«

Fridtjof fauchte und schlug Anja den kaputten Regenschirm, der neben ihm gelegen hatte, auf den Rücken. Nachdem sie ihn losgelassen hatte, zog er sich den Schlafsack über den Kopf. Nach einer Weile erklang unter dem Stoff dumpfes Gemurmel. »Zarathustra. Zarathustra ist gegangen. Der Übermensch ist gekommen.«

Anja ging in die Hocke, um die undeutlichen Laute besser zu verstehen. »Wieso Zarathustra?«

»Zarathustra ist tot. Der Übermensch ist gekommen. Er hat Zarathustra abgelöst. Seine Zeit ist da.«

»Fridtjof, ich will mit dir nicht über Nietzsche reden, sondern über einen Studenten, der bei Schreiner studiert hat, so wie du. Und der sich dann umgebracht hat –«

Unter dem Schlafsack ruckte es. »Zarathustra war verzweifelt. Er ist ins Gebirge gegangen, um sich sterben zu legen.«

Der Herbststurm war mittlerweile mit ganzer Kraft losgebrochen. Im Institutsgarten krachten morsche Äste. »Fridtjof, es gibt keinen Zarathustra und auch keinen Übermenschen –« Das Heulen des Windes trug Anjas Worte davon. Sie hörte ihre Zähne mit der Geschwindigkeit eines Maschinengewehrs aufeinanderschlagen.

Der Clochard schlug seinen Schlafsack zurück und

funkelte sie aus farblosen Augen böse an. Seine Stimme überschrie den Sturm. »Ich habe den Übermenschen gesehen. Er kommt in der Nacht. Er hat Zarathustra gerächt.« Fridtjof griff nach einer Tasse aus seiner Geschirrtüte und warf sie nach Anja. »Hau ab! Hau ab!« Die Lippe über den fehlenden Schneidezähnen zuckte. Weißer Speichel lief rechts und links aus den Mundwinkeln. »Ich habe den Übermenschen gesehen. Verschwinde! Er ist gekommen! Verschwinde!«

Mit blutender Schläfe floh Anja unter einem Hagel aus Mensageschirr.

Illuminationen

Die Kacheln im Badezimmer waren beschlagen, und Anja malte unbestimmte Muster in den Wasserdampf. Mit ihren Knien stieß sie hin und wieder ein kleines rotes Plastikentchen an, das auf dem Wasser trieb. Die Eukalyptusdämpfe waren atemberaubend.

»Anja, bist du denn völlig übergeschnappt. Nach dem, was gestern passiert ist, und bei diesem Wetter mit der U-Bahn an das verdammte Institut zu fahren. Wenn du dich unbedingt umbringen willst, dann tu das bitte, ohne daß ich es mitansehen muß.« Susanna schüttelte die Hose von Anjas klatschnassem Anzug aus und hängte sie über eine Wäscheleine. »Hättest du nicht wenigstens irgendwas Wärmeres anziehen können. Du hast dir sicher den Tod geholt.«

Anja ließ sich mit dem ganzen Körper unter Wasser sinken. Susannas Stimme verschwand unter dem überlauten Klopfen in irgendeiner Wasserleitung. Zarathustra. Der Übermensch. Vielleicht war Fridtjofs Gerede nur dunkler Wahnsinn. Vielleicht aber auch nicht. Sie hätte damals den »Zarathustra« gründlicher lesen sollen.

»Anja, hörst du mir überhaupt zu.« Susannas lange schmale Hände mit den blutroten Fingernägeln holten Anjas Kopf aus dem Wasser. »Mach den Mund auf. Von den Tropfen hier nimmst du jetzt jede Stunde einen Teelöffel. Das stärkt die Abwehrkräfte.«

Anja ließ sich einen Löffel von Susannas hochprozentiger Biomedizin einflößen.

»Was hast du da denn an der Schläfe. Das ist ja Blut. Hast du dich schon wieder mit jemandem geprügelt.« Aus dem kleinen weißen Drogerieschränkchen holte Susanna ein Heftpflaster, das sie Anja über die Augenbraue klebte. »So, und jetzt kommst du aus der Wanne raus, gehst ins Bett, und ich mache dir warme Wickel. Hopp!« Mit einem energischen Griff zog Susanna den Stöpsel aus der Badewanne, und das Wasser sammelte sich über dem Abfluß zu einem gurgelnden Strudel.

»Susanna, hast du zufällig ›Zarathustra‹ da?«

Die Freundin hatte gerade begonnen, Anjas Rücken mit einem großen pinkfarbenen Frotteehandtuch trokkenzurubbeln. »Was soll ich dahaben?«

»Nietzsche. ›Also sprach Zarathustra‹.«

»Nö, glaube nicht. Außerdem brauchst du jetzt keinen Nietzsche. Du gehst erst mal ins Bett und ruhst dich aus. Umdrehen!« Susanna widmete sich Anjas Vorderseite.

»So.«

Anja zwängte sich in den ebenfalls pinkfarbenen, viel zu engen Frotteemantel, den Susanna ihr hinhielt. Irgendwo mußte sie einen »Zarathustra« herbekommen. Susanna knotete den Gürtel des Bademantels zu. »Geh schon mal ins Schlafzimmer. Ich komme gleich nach.«

Anja wartete, bis Susanna in der Küche verschwunden war, dann folgte sie barfuß dem Telefonkabel ins Wohnzimmer. Der Apparat stand auf dem Klavier. Ulf sollte ihr »Zarathustra« vorbeibringen.

Nach endlosem Läuten wurde der Hörer abgehoben. »Hallo? Hier bei Ulf.«

»Peer? Ich will Ulf sprechen.«

Nach einer kurzen Pause des Schweigens wurde die

Stimme ironisch. »Ich weiß nicht, ob Ulf ans Telefon kommen kann –«

»Es ist mir scheißegal, was ihr da gerade treibt. Gib mir Ulf. Es ist wichtig.«

Anja hörte, wie Peer den Hörer weiterreichte. »Ulf, tut mir leid. Anja ist dran. Sie will unbedingt mit dir reden. Sie sagt, es ist wich –«

Eine Stichflamme durchschoß ihr Gehirn. Die Stimme. Rebeccas Anrufbeantworter. Aus dem gleißenden Licht in ihrem Schädel blickten sie die stahlblauen Augen des Übermenschen an.

LETZTBEGRÜNDUNG

Wie an jedem Sonntag, so herrschte auch diese Nacht in »Toms Bar« kein übermäßiger Betrieb. Das Wochenende hatte sich ausgetobt, und nur die wenigen, die nichts abbekommen hatten oder glaubten, nie genug zu bekommen, räkelten sich auf den Barhockern am langen Tresen. In der Nähe des Eingangs saß der Pockennarbige im Rippenstrick-Unterhemd, der dort jeden Sonntag saß. Der blonde Boy hinter dem Tresen stapelte gelangweilt Bierflaschen in die Kühltruhe. Ein Schwarzhaariger spielte am Flipperautomat. Traurige Tiere, die auf den Orgasmus warteten.

Als zwei Frauen die Bar betraten, ging ein kurzer Ruck durch die Runde. Der Pockennarbige bezog Angriffsstellung, der Kellner knurrte »keine Tussis hier!«, und die beiden Frauen flohen verschreckt zurück ins Freie.

An dem Durchgang zum zweiten Raum lehnte seit einiger Zeit ein Ledermann mit Glatze und hellem Schnäuzer. Der Pockennarbige hatte versucht, Kontakt zu ihm aufzunehmen, war aber durch wenige, eindeutige Gesten wieder auf seinen Hocker zurückgetrieben worden. Trotz der schwülen Wärme in der langen, schlauchartigen Raumflucht hatte der Ledermann weder seine Handschuhe noch die Lederkappe mit der breiten Goldkette auf dem Schirm abgelegt.

Es war kurz nach elf, als Ulf und Peer die Bar betraten. Die schwarze Gestalt löste ihre übereinandergeschlagenen Beine und ging mit großen Schritten auf die beiden Neuen zu, bevor der Pockennarbige von seinem Hocker gerutscht war. Ihre Stimme klang dunkel. »Du bist Peer?«

Der Angesprochene musterte knapp die breite Lederfigur, dann wandte er sich mit erstaunter Augenbraue zu Ulf um. »Hast du deshalb so gequengelt, daß wir hierher gehen sollen?«

Bei hellerem Licht hätte man erkennen können, daß dieser errötete. »Nein, Peer, ich hab damit bestimmt nichts zu tun. Glaub mir, gar nichts. Ich wußte ja nicht, daß uns hier jemand erwartet. Wirklich nicht.«

Peer drehte sich zu dem Ledermann zurück. »Was gibt's?« Seine Mimik verriet angestrengten Spott.

»Zarathustra schickt mich.«

Ein unsichtbarer Schlag traf Peers Magen. Seine Gesichtszüge wurden wächsern. Die Adern an seinen Schläfen traten noch stärker hervor, die stahlblauen Augen verengten sich zu Schießscharten. »Was soll das?«

Die Ledergestalt hatte ihre Arme über der Brust verschränkt. »Das weißt du selbst.«

Ulf war verstört. Das schwarze Taschentuch an der linken Schulterklappe des Ledermannes trug auch nicht dazu bei, ihn zu beruhigen. Instinktiv griff er nach dem Arm seines Freundes. »Komm, Peer, laß uns doch lieber woanders hingehen.«

Peer riß sich los. »Nimm deine verdammten Pfoten weg!«

Die Tränen schossen in Ulfs Augen. Er starrte Peer fassungslos an. Die Ledergestalt war inzwischen einen Schritt auf diesen zugegangen. »Ich denke, wir haben was zu regeln.«

Ohne sich noch einmal nach Ulf umzudrehen, folgte Peer mit steifem Gang dem Ledermann in die hinteren Regionen der Bar.

Ulf blieb wie versteinert stehen. Das Wasser floß ihm hemmungslos die Wangen hinab, während der Pokkennarbige die Bierflasche abstellte. Er witterte seinen Sonntagsfick.

Im Damenklo, das vermutlich noch nie eine Dame gesehen hatte, herrschte der strenge Geruch von altem, sich zersetzendem Urin. Jüngste Wasserspiele hatten einige frischere Pfützen auf dem gekachelten Boden zurückgelassen. Klodeckel und -brille lagen zerbrochen hinter der weißen Kloschüssel.

Der Ledermann drehte den Schlüssel um. »Los, geh da rauf!«

»Was soll das?« Das bleiche Gesicht von roten Hitzeflecken entstellt, lehnte sich Peer an eine der gekachelten, urinfeuchten Wände.

»Du willst mir was von Zarathustra erzählen. Los rauf!« Der Ledermann zog ein langes Filetiermesser aus seiner Jacke. Ohne den Blick von der Gestalt vor ihm zu wenden, stieg Peer rückwärts auf die Kloschüssel. Es gab ein leises Krachen, als der schwere Ledermann ebenfalls auf den schmalen Keramikrand stieg. »Die Arme nach oben!«

Das kalte Metall einer Handschelle schnappte um Peers linkes Handgelenk, offensichtlich ohne es zu merken, streckte er seine Arme aus. Der Ledermann schloß die zweite Handschelle um das andere Handgelenk, nachdem er die Verbindungskette um das Fenstergitter über dem Klo gelegt hatte. Kalte Luft strömte durch die zerbrochene Scheibe.

»Was soll das? Was weißt du von Zarathustra?« Die

Handschellen klirrten gegen die Eisenstäbe. Peer schien jetzt erst zu realisieren, daß er angekettet war. »Was soll das?«

Eine schwarze Lederbinde legte sich über seine Augen. Es gab eine dumpfe Erschütterung, als der Ledermann wieder von der Kloschüssel heruntersprang. Im benachbarten Herrenklo ließ sich der Aufschlag eines harten Strahls auf Keramik vernehmen. Aus dem dritten Raum der Bar drang gedämpft das Stöhnen der Porno-Videos.

Peer zuckte zusammen, als das lange Filetiermesser unter seinen Pullover fuhr und diesen aufschlitzte. Kurz über seinem Bauchnabel hinterließ es einen kleinen Schnitt, aus dem hellrot das Blut sickerte. Die scharfe Klinge rutschte langsam in seine Jeans, und nachdem sie auch diese zerschnitten hatte, schob sie sich in seine Unterhose. Peers Unterleib zitterte schwach, als der kalte Stahl sich an seinen Leisten entlangtastete. Baumwollstoff riß. Aus dem Nachbarklo erklang tiefes Männerlachen.

Peers Muskeln hatten sich in Erwartung des Ungewissen verkrampft, als ein breiter Ledergürtel mehrmals auf seinen Bauch herabschnellte. Er schrie auf wie ein geblendetes Tier. Aus der kleinen Wunde auf seinem Bauch spritzten wenige Bluttropfen. »Sie haben ihn umgebracht.«

»Nein, er hat sich selbst umgebracht.« Der Gürtel zeichnete weiter seine Striemen auf Peers Fleisch.

Die Handschellen klirrten. »Die Philosophen haben Zarathustra aus ihm gemacht. Sie haben ihn umgebracht.«

Außer dem gleichmäßigen Schnalzen des Ledergürtels herrschte für eine Weile absolute Stille. Durch das zerbrochene Klofenster strömte der kalte Luftzug. Rot leuchteten die Striemen auf Peers Haut. Die Lippen unter der breiten Lederbinde begannen sich stumm zu bewegen, bis aus dem blinden Gemurmel Wörter wuchsen. »Rot. Blut. Alles war rot, als ich in sein Zimmer gekommen bin. Der Teppich war blutgetränkt. Das weiße Bettuch, auf dem er lag: blutgetränkt. Er hatte sich beide Pulsadern aufgeschnitten. Blut. So viel Blut. Überall.«

Der Gürtel peitschte weiter. Im Rhythmus der Schläge warf Peer seinen Kopf hin und her. Seine Stimme steigerte sich. »Auch die Buchstaben an den Wänden: rot! WICHTIG NEHMEN ALLE DAS STERBEN. ABER NOCH IST DER TOD KEIN FEST. NOCH ERLERNTEN DIE MENSCHEN NICHT, WIE MAN DIE SCHÖNSTEN FESTE WEIHT. Dieser Satz! Große rote Buchstaben! So viele Buchstaben, mit seinem Blut.«

Der Ledermann lachte hart auf. »Die Wahrheit ist im Fragment.«

Peer zerrte an seiner Kette. »Dieser Satz hat ihn wahnsinnig gemacht. Diese Buchstaben. Es hat ihn umgebracht. In dem Zimmer: überall brannten noch Kerzen. Champagnerflaschen lagen herum. Der ganze Boden war mit Rosen bedeckt. An den Wänden hingen Blumengirlanden. Musik lief. Und er selbst: auf diesem weißen blutigen Laken. Er hatte sich schön gemacht. Mit einem roten Korsett und roten Strapsen. Rote Netzstrümpfe. Rote Lackpumps. Er hatte sich eine blonde Lockenperücke aufgesetzt. Und einen Kranz aus Weinlaub.« Peer schrie auf. »Sie hatten kein Recht, ihn mir wegzunehmen. Er hat mir gehört.«

Der Gürtel pfiff mehrere Male kurz hintereinander durch die Luft.

»Schreiner mußte weg. Er hat ihn mir weggenommen. Er hatte kein Recht dazu. Er hatte kein Recht, ihn wahnsinnig zu machen.« Peers Körper bäumte sich auf. »Aber Schreiner hatte sein Todesfest. Seine Todesorgie. Rot! Rot! Noch viel mehr rot! Er ist in seinem Blut ersoffen. Ich habe ihn gezwungen, er mußte es mitansehen. Erst die Arme, dann die Beine. Rechts. Links. Rechts. Links. Immer noch ein Stück. Und Champagner dazu. Viel Champagner.« Peers Knie sackten ein. Er brach in hysterisches Schluchzen aus. Sein Körper zuckte immer noch im Takt der Hiebe, obwohl der Gürtel gleich einem toten Reptil auf dem feuchten Kachelboden lag. Erst als zwei lederbehandschuhte Hände zwischen seine Beine griffen und eine dünne Lederschlaufe mit kleinen Nadelspitzen über seinen Schwanz stülpten, hielt er abrupt still.

»Geh zum Teufel, verdammte Fotze!« Peer trat blind nach der Ledergestalt. Er brüllte vor Schmerz auf, als er von der Kloschüssel abrutschte, sich die Kette der Handschellen mit einem Ruck spannte, und sein ganzes Gewicht an den gestreckten Armen hing. »Alles hat funktioniert. Warum hast du deine gottverdammte Nase in die Sache gesteckt! Schreiner war weg. Lux war weg. Keiner hat etwas gemerkt. Warum bist du nicht krepiert! Warum!« Die Wut brachte Peer in Erregung. Die feinen Nadelspitzen begannen, sich in sein Fleisch zu bohren.

Die Hand, die das andere Ende des schmalen Lederbandes hielt, verstärkte ihren Zug. »Warum Rebecca Lux?«

Es dauerte eine Weile, bis Peer zu reden begann. Die Worte kamen stockend. »Mit ihr hatte alles angefangen. Sie wollte seine Magisterarbeit nicht annehmen.

Ich war damals bei ihr in der Sprechstunde. Sie sagte, er sei unbegabt. Sie hat ihn verletzt. Mit ihr konnte man nicht reden.« Der Zug an dem Lederriemen wuchs. »Dienstag nacht hat sie mich angerufen. Sie ahnte, daß ich Schreiner vernichtet habe.« Die Abstände zwischen den einzelnen Sätzen wurden größer. »Ein ruhiger Tod. Ein stiller Tod. Sie hat sich nicht gewehrt. Alles blieb still. Und nur ganz wenig Blut. Nur ganz wenig. Ganz –« Peers Worte gingen in Stöhnen über. Seine Stimme klang heiser. »Was willst du von mir? Was willst du?« Den aufgehängten Körper durchliefen kurze Schauer.

Auf der Glatze des Ledermannes glitzerten feine Schweißperlen. Der Mund unter dem blonden Schnäuzer verzog sich zu einem Grinsen. »Ich gestatte mir eine Sentimentalität.«

Mit großer Ruhe bewegte sich die schwarze Hand, die das Lederband hielt, nach hinten. Und während der rote Kranz unter der Lederschlaufe rasch hervorblühte, und die ersten dunklen Tropfen herabfielen, schoß es aus Peer kraftvoll weiß hervor.

Epilog

Fahren, fahren, fahren

Es war wieder Sonntag. Unter einer strahlenden Sonne meldete das Radio freie Fahrt auf der »A zwei«. Anja hatte die blauen Schilder mit der Aufschrift »Wannsee« schon lange hinter sich gelassen und Westkurs eingeschlagen.

Es hatte sich herausgestellt, daß Hektors Verletzungen weniger schlimm gewesen waren, als sie zunächst ausgesehen hatten. Nach nur fünf Tagen Reparaturaufenthalt in seiner Werkstatt strahlte er in altem Glanz.

Anja betrachtete im Rückspiegel ihren Igelkopf. Seit letztem Sonntag waren ihre Haare immerhin um fünf Millimeter gewachsen. Das hieß, daß sie in den drei Wochen Urlaub, die sie sich erlaubt hatte, um weitere fünfzehn Millimeter wachsen könnten. Alles in allem machte das also zwei Zentimeter lange Haare, wenn sie dann Ende November den Betrieb in ihrer Praxis wieder aufnehmen würde. Vielleicht ließ sich damit eine Frisur stylen, die auch vor Frau Kloppenbrinks strengem Urteil Gnade finden würde. Vorgestern hatte Anja in ihrem Büropostkasten einen Brief ihrer alten Kundin vorgefunden, in dem diese ihr mitteilte, daß sie baldestmöglich »unter geänderten Lebensumständen« die Gespräche mit ihr wieder aufnehmen wollte. Anja drehte das Radio lauter.

On the first part of the journey
I was looking at all the life
There were plants and birds and rocks and things

There was sand and hills and rings ...
Manfred Stammheimer hatte Anja gleich am Montag angerufen, um ihr mitzuteilen, daß es für die Rückzahlung von Kautionen bei Selbstmord doch rechtliche Möglichkeiten gäbe. Im Gegenzug hatte sie dem Juristen einen versiegelten Umschlag zur Verwahrung gegeben. Er enthielt ein kleines Tonband, das in dem verpinkelten Klo einer Berliner Schwulenbar aufgenommen worden war. Außerdem hatte Stammheimer Anja verraten, daß Willi Maier-Abendroth wegen vorsätzlicher Körperverletzung Anklage gegen eine gewisse Anna Sommer, beziehungsweise unbekannt, erhoben hatte.

After two days in the desert sun
My skin began to turn red
After three days in the desert fun
I was looking at a river bed ...

Anja wußte nicht, was aus Peer geworden war, aber die »Zuwendung« von fünfzigtausend Mark war auf Hektors Konto pünktlich zu ihrem Reiseantritt am Freitagmorgen eingegangen. Ulf hatte sie seit letztem Sonntag nicht mehr gesehen.

After nine days I let the horse run free
'Cause the desert had turned to sea
There were plants and birds and rocks and things
There was sand and hills and rings ...

Vor Anja und Hektor lagen viele tausend Kilometer Autobahn. Sie wußten noch nicht, wohin die Reise gehen würde, vielleicht nach Frankreich, vielleicht nach Spanien, auf jeden Fall in den Süden. Anja lehnte sich in dem breiten Ledersitz zurück, nachdem sie Hektors Tempomat bei einhundertfünfzig Stundenkilometern eingestellt hatte.

You see I've been through the desert on a horse with no name
It felt good to be out of the rain
In the desert you can remember your name
'Cause there ain't no one for to give you no pain
Hektors nachtblauer Lack blitzte auf, getroffen von den letzten Strahlen einer kaltglühenden Herbstsonne, die hinter den unendlichen Weiten der Magdeburger Börde versank.

DANKSAGUNG

Mit seiner kritischen Zuneigung hat Martin Bauer nicht nur die Entstehung dieses Buches vorangetrieben. Dafür möchte ich ihm herzlich danken.

Stets hilfsbereite und einfallsreiche Mittäter bei der Berliner Aufklärung waren Michaela Adelberger, Torsten Bill, Günther Bremer (Mercedes-Benz Niederlassung Berlin), Kerstin Egert, René Kohl, Claudia Lembach, Thorsten Reinke, Michael R. Richter, Dirk Schümer, David Weber, Jan Werner und Matthias Zollweg. Dank ihnen allen.

Inhalt

ERSTER TEIL
Ein fragmentiertes Selbst 7
Geschwindigkeit und Politik 16
Kommunikative Kompetenz 23
Die Tränen des Eros 32
Eigennamen 39
Gesetzeskraft 43
Diskursethik 48
Das Kapital 53
Die Rauheit der Stimme 61
In den Netzen der Lebenswelt 66
Transzendenz 72
Ecce homo 79
Die Geburt der Tragödie 86

ZWEITER TEIL
Ohne Leitbild 91
Für-sich-Sein 98
Philosophische Brocken 103
Für-Andere-Sein 110
Strukturwandel der Öffentlichkeit 116
Speculum de l'autre femme 124
Die Tyrannei der Intimität 132
Der feine Unterschied 137
Plötzlichkeit 146
Die Krankheit zum Tode 149
Horizontverschmelzung 152

Morgenröte 157
Der zwanglose Zwang
des besseren Arguments 164
Holzwege 174
Lichtung 177
Das Erhabene 181
Illuminationen 184
Letztbegründung 187

Epilog
Fahren, fahren, fahren 197

JONATHAN KELLERMAN

»Kellerman ist der absolute Meister des psychologischen Spannungsromans!«
Kirkus Review

45087

45123

45370

45460

JOHN BANVILLE

»Banville ist ein wunderbarer Sprachartist.«
Süddeutsche Zeitung

»Unglaublich schön. ›Sonnenfinsternis‹ ist, was so viele zeitgenössische Romane nicht sind – ein Kunstwerk.«
Observer

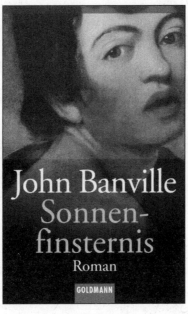

GOLDMANN

*Das Gesamtverzeichnis aller lieferbaren Titel erhalten Sie
im Buchhandel oder direkt beim Verlag.
Nähere Informationen über unser Programm erhalten Sie auch im Internet unter:*
www.goldmann-verlag.de

★

Taschenbuch-Bestseller zu Taschenbuchpreisen
– Monat für Monat interessante und fesselnde Titel –

★

Literatur deutschsprachiger und internationaler Autoren

★

Unterhaltung, Kriminalromane, Thriller
und Historische Romane

★

Aktuelle Sachbücher, Ratgeber, Handbücher und
Nachschlagewerke

★

Bücher zu Politik, Gesellschaft, Naturwissenschaft und Umwelt

★

Das Neueste aus den Bereichen
Esoterik, Persönliches Wachstum und Ganzheitliches Heilen

★

Klassiker mit Anmerkungen, Anthologien und Lesebücher

★

Kalender und Popbiographien

★

Die ganze Welt des Taschenbuchs

★

Goldmann Verlag • Neumarkter Str. 28 • 81673 München

Bitte senden Sie mir das neue kostenlose Gesamtverzeichnis

Name: _____

Straße: _____

PLZ / Ort: _____